新媒体时代下的 网络广告设计应用

姜余璐　康若熙　著

沈阳出版发行集团
沈阳出版社

图书在版编目（CIP）数据

新媒体时代下的网络广告设计应用 / 姜余璐, 康若
熙著 . ‒‒ 沈阳 : 沈阳出版社 , 2019.4
ISBN 978‒7‒5441‒9991‒9

Ⅰ . ①新… Ⅱ . ①姜… ②康… Ⅲ . ①网络广告 ‒ 设
计 Ⅳ . ① F713.852

中国版本图书馆 CIP 数据核字 (2019) 第 041904 号

出版发行：沈阳出版发行集团 | 沈阳出版社
　　　　　（地址：沈阳市沈河区南翰林路 10 号　邮编：110011）
网　　　址：http://www.sycbs.com
印　　　刷：定州启航印刷有限公司
幅面尺寸：170mm × 240mm
印　　　张：11.5
字　　　数：300 千字
出版时间：2019 年 4 月第 1 版
印刷时间：2019 年 4 月第 1 次印刷
责任编辑：周　阳
封面设计：优盛文化
版式设计：优盛文化
责任校对：赵秀霞
责任监印：杨　旭

书　　　号：ISBN 978‒7‒5441‒9991‒9
定　　　价：49.00 元

联系电话：024‒24112447
E‒mail：sy24112447@163.com

本书若有印装质量问题，影响阅读，请与出版社联系调换。

　　全球信息基础设施的建设极大地推动了互联网的发展和应用，互联网在人们的日常生活和工作中占据了十分重要的地位，成为人们获取信息和交流信息的主要渠道之一，它的媒体功能已经凸显出来。作为一种新兴媒体，它所具有的广告价值被越来越多的广告主和广告人所认识。近年来，网络广告的广告主和网络广告收入均成倍增加，表现出了很好的发展态势。

　　随着互联网的进一步发展和普及，网络广告的潜力会不断地体现出来，一方面网络的受众会越来越多，所覆盖的范围也会更加广泛；另一方面，网络广告的优势会被更多的广告主认识。加入 WTO 后，大中型企业的国际市场开拓是企业发展的重要途径，对这些企业来说，网络广告的全球性传播特点具有独特的魅力。网络广告还具有传播速度快、费用低、信息容量大、便于互动交流、便于检索、形式多样等优势，这些优势注定了网络广告的发展前景是美好的。

　　总体来说，网络广告还处于发展的初级阶段，还有许多不成熟的地方：人们对网络广告的了解和认识不够深入和全面；缺乏专业的网络广告策划、创意人才；既懂网络广告设计，又掌握网络广告技术的复合型人才还不多。因此，让更多的人学习、了解网络广告的基本知识，掌握网络广告的基本制作技术，是推动网络广告发展的重要任务，编写本书正是为了完成这一任务尽滴水之力。

目 录
CONTENTS

第一章　网络广告概述

第一节　网络广告的产生和兴起

一、网络广告的产生和兴起

20 世纪 90 年代，随着人类进入互联网时代，数字媒体成为继语言、文字和电子技术之后新的信息传播载体。数字媒体的发展极大地改变了人们的生活，同时也对传统的广告产生了深远的影响。

1994 年 10 月 27 日是世界网络广告史上具有重要意义的一天。这一天，美国著名的 Hotwired 杂志推出了网络版的内容，并首次在网站上推出网络广告，网站主页上有 AT&T（美国电报电话公司）等 14 家广告客户的网页广告。这标志着网络广告的诞生。此后，广告主和受众逐渐接受了这种新的广告形式。1999 年第 46 届国际广告节将网络广告列为继平面广告、影视媒体广告之后的一种新的广告形式。全球互联网广告进入快速发展时期。

中国的网络广告开始于 1997 年 3 月，Intel 等世界著名 IT 公司在 China Byte.com 网上发布网络广告。这是中国第一个网络广告，开创了中国互联网广告的历史。此后的两年时间里，许多跨国公司和国内企业开始意识到网络广告蕴藏的商机，中国的网络广告市场进入迅速增长期。

2004 年至 2005 年，大批资金被投入到互联网产业，众多互联网公司开始盈利，网络广告市场进入井喷式增长期，平均年增长率在 70% 以上。2005 年网络广告市场规模为 31.3 亿元，比上一年增长 76.8%，超过杂志广告收入（18 亿元），接近广播广告收入（34 亿元），中国网络广告实现了跨越式发展。2006 年至 2007 年中国网络广告市场继续保持快速增长势头，2007 年与 2006 年相比收入增长了 75%，网络广告市场呈现出稳步增长和异彩纷呈的特点。

2009 年，中国广告市场互联网广告收入超过 200 亿元，超越户外广告收入。2012 年中国网络广告收入迅速发展到 420 余亿元，超越报纸媒体，成为中国市场上第二大广告媒介。网络广告已是各网站的主要收入来源之一。在纳斯达克上市的几家中国网络门户公司中，网络广告收入占到总收入的 50% 以上，部分公司甚至达到 70% 以上。

近 20 年来，以互联网为传播媒介的网络广告已成为最热门的广告形式，越来越多的广告主在广告预算上开始向网络广告倾斜。随着互联网应用在人们日常生活中的日益渗透，网络广告这块蛋糕将会越来越大。不少媒体人甚至喊出了"纸媒已死"的口号，迎接网络广告时代的到来。

（一）网络的发展

1.网络的概念

计算机网络是通过通信设备和通信线路将多台地理位置上分散且独立工作的计算机进行互联，在相应软件的支持下，以达到通信和资源共享的目的。这说明了网络的组成和实施的功能。在这一定义之下，按照不同的属性和用途，可将网络分为多种类型。如果按照覆盖的地理范围大小划分，可分为局域网、城域网、广域网。我们所知的 Internet 便属于广域网。

Internet 在我国也称为互联网、国际互联网、因特网等，在本章中提到的网络，就是指的 Internet。按照 1995 年 10 月 24 日美国联邦网络委员会一致通过的决定，Internet 的定义为：Internet 是一个全球信息系统，它使用 IP 协议，用唯一的地址逻辑地链接起来；通过 TCP/IP 协议进行通信；提供基于上述协议的公众或私人的高级信息服务，包括对信息的提供、使用或访问服务。Internet 目前提供的服务功能主要有：电子邮件（E-mail）、文件传输（FTP）、公告板系统（BBS）、新闻，以及我们使用最多的万维网（World Wide Web），俗称 3W 服务。

万维网并非 Internet，它只是在 Internet 上提供的一种信息服务系统。由于众多的用户在使用 Internet 时，所见到的均是万维网的面孔，形成了万维网就是 Internet 的错误印象。不过，万维网确实是 Internet 中应用最广泛的一种信息服务方式，也是最具活力和发展前景的服务方式。万维网的核心是超文本语言 HTML，HTML 是一种用来创建网页的简单的计算机语言，利用它可以创建出包括文字、图形、声音、动画、视频等多媒体元素的网页，并能实现超级链接。超级链接是万维网最重要的功能，它可以链接到万维网上任何主机中的任何一个页面，从而使一个全球性的信息网络得以实现，达到了信息资源共享的目的。

2. Internet 的产生

20 世纪 60 年代初，古巴的导弹危机使美国与苏联之间的冷战状态随之升温。当时美国便在思考，如果有一种军事指挥网络，即使在遭到苏联核武器的攻击之后，未被摧毁的节点仍能正常工作，并能通过某种通信网络取得联系。于是美国国防部高级研究计划管理局便开始拨款对这一项目进行研究。1969 年该项目完成了初步功能，利用 BBN 公司提出的网络控制协议的分组交换网络协议，将位于加利福尼亚大学洛杉矶分校和圣塔芭芭拉分校、斯坦福大学以及位于盐湖城的犹它州州立大学的 4 台计算机连接起来，实现了计算机间通信，成了全球第一个计算机网络，即 ARPA 网。

1972 年，ARPA 网在第一届国际计算机通信会议上首次与公众见面，并验证了分组交换技术的可行性。在这次会议上，与会代表对计算机和不同网络间的通信协议达成了一致，即现今在 Internet 上一直采用的 TCP/IP 协议。到 1977 年，连接在 ARPA 网上的节点已达 57 个，连接各类计算机 100 多台。与此同时，美国的一些机构也开始建立自己的面向全国的计算机广域网，大都采用与 ARPA 相同的协议。1983 年，ARPA 分为民用 ARPANET 和纯军用的 MILNET，其后人们称呼这个以 ARPANET 为主干网的网际网络为 Internet 雏形。

3. 应用扩展促使 Internet 发展

1985 年，美国国家科学基金会（NSF）为了使全国的科学家、工程师能够使用上网络，投入巨资建立了 NSFNET。NSF 在全国建成了按地区划分的广域网，这些地区网和超级计算中心相联，最后将各地的超级计算中心连接，形成了 NSFNET 的主干网。NSFNET 除了提供任意两台计算机的通信外，还可通过网络提供大量的信息和数据，并对教育、科研、政府职员开放。由于 NSFNET 的极大成功，1986 年建成后，立即取代了 ARPANET，成为 Internet 的主干网。1989 年，NSFNET 和 ARPANET 合并，正式取名为 Internet。随后，世界各地的不同种类网络与美国的 Internet 相联，形成了全球的 Internet。到 1991 年，全球已有 3000 多个子网并入了 Internet，几乎每年都以 100% 的速度递增。

4. 商业化促使 Internet 的发展加速

商业机构介入 Internet 之后，很快发现了 Internet 的巨大商业价值，包括通信、资料检索、信息发布、客户服务、商业调查、广告、电子贸易、娱乐等领域都有巨大的潜力。随后，世界各地的无数企业纷纷涌入 Internet，加速了 Internet 的发展。1994 年底，Internet 已通往 150 个国家和地区，连接着三万多个子网，320 多万台计算机主机，直接用户超过 3500 万。1995 年，NSFNET 宣布正式停止运作，由美国政府指派的三家私营企业经营管理。至此，Internet 的商业化彻底完成。

商业化后的 Internet 得到了飞速的发展，开始阶段用户几乎每年翻一番，近年来增长率也保持在 20% 以上。据 2017 年世界电子商务报告显示，中国稳居全球规模最大、最具活力的电子商务市场地位，2017 年，电子商务交易总额达 29.2 万亿，同比增长 11.7%，B2C 销售额和网购消费者人数均排名全球第一。美国是电子商务发展最早且最成熟的国家，2016 年美国网络零售交易额达 3897 亿美元，增长 14.9%，网络零售成全球零售市场强劲拉动力。英国是欧洲最大的电子商务市场，互联网普及率达 93%，电子商务销售额占 GDP 比例达 7.16%。拉丁美洲是最受欢迎的电子商务新兴市场，2016 年，巴西全国电子商务市场规模达 534 亿雷亚尔（约 142 亿美元），成为拉丁美洲最大的电子商务市场，远超拉丁美洲其他地区；移动电子商务继续高歌猛进。目前，全球有约 16.6 亿消费者使用移动端进行网购，使用移动端进行支付的消费者占比已达 12%。其中，中国使用移动端进行网购的消费者占到 88%，全球排名第一。

5. 万维网及其应用

除 Internet 的商业化之外，还有一个重要因素是推动 Internet 普及应用的关键，那就是万维网。万维网也就是 WWW（World Wide Web），它是运行在 Internet 上的一种服务系统。对大多数用户来说，接触到的 Internet 应用就只是万维网，所以人们通常认为 WWW 就是 Internet 的代名词。从概念上来说，这种说法是不正确的，万维网只是运行在 Internet 上的一种信息服务系统，并非 Internet 的全部。

早在 1965 年，特德·纳尔逊（Teel Nelson）创造了术语"超文本（Hypertext）"，特德是这样描述他的"超文本"的，想法是：创建一个全球化的大文档，文档的各部分分布在不同地区的服务器中，通过激活成为链接的超文本项目，便可以跳转到文档引用参考文献的论文。这一概念是万维网的核心。

1990 年到 1991 年间，在瑞士日内瓦核物理研究协会工作的系统分析员蒂姆·伯纳斯·李（Tim Berners-Lee）汲取了特德的思想后，提出了 WWW 计划，推出了世界上第一个所见即所得的超文本浏览器/编辑器。

1993 年，由美国伊利诺伊大学国家超级计算机应用中心的马克·安德森（Marc Andreessen）和埃里克·宾纳（Eric Bina）编写的网络浏览器 mosaic，能够支持图形，并可以在网络中免费得到，引发了一场"网络革命"，标志着 WWW 浏览器发展的新阶段。后来，由 mosaic 发展成为的"网景"（Netscape Navigator）又推出了新的网络浏览器 Navigator；1995 年，微软公司在 Windows 95 操作系统上搭载它的网络浏览器 IE（Internet Explorer）。目前，Navigator 和 IE 是 Internet 上两大主流浏览器，通过它们可以浏览具有文字、图形、声音、动画、视频的 Web 页面。

6. 网络时代的来临

1993 年，克林顿入主白宫后，由副总统戈尔提出了国家信息基础设施建设（NII）计划，紧接着西方七国首脑提出了全球信息基础设施计划（GII），宣布网络时代的来临，相继出现了网络经济、信息经济、数字化生活等概念。随后，世界各国都加强了信息基础设施建设，包括通信带宽的扩容、信息存储与处理设施设备的研究与制造、Internet 的应用开发以及无线网络、卫星网络的研究与应用等。经过近 10 年的建设，各国都取得了较大的成果。

7. 中国的 Internet 发展

中国的 Internet 起步较晚，但发展迅速，其间经受了一些来自美国的政治阻碍。1986 年，北京市计算机应用技术研究所和德国卡尔鲁大学（University of Karlsruhe）合作，启动我国第一个国际联网项目——中国学术网（Chinese AcademicNetwork），简称 CANET。1987 年 9 月，CANET 在北京计算机应用技术研究所内正式建成中国第一个国际互联网电子邮件节点，并于 9 月 14 日发出了中国第一封电子邮件："Across the Great Wall, we can reach every corner in the world."，从此拉开了中国人使用 Internet 的序幕。1990 年 11 月 28 日，钱天白教授代表中国，正式在 SRI-NIC（Stanford Research Institute's Network Information Center）注册登记了中国的顶级域名 CN，从此中国的网络有了自己的身份标识。1992 年 6 月，在日本神户举行的 INET'92 年会上，来自中国科学院的钱华林研究员约见美国国家科学基金会国际联网部负责人，第一次讨论中国进入 Internet 的问题，但美国以网上有很多政府机构为由，拒绝了中国的请求。经过多次努力，1994 年 4 月初，中国科学院副院长胡启恒代表中方向美国国家科学基金会重申联入 Internet 的请求，得到了认可，从此中国的网络才全面接入 Internet，掀起了中国 Internet 的全面发展。经过十多年的建设，中国的 Internet 已形成了 6 大骨干网，这些骨干网均提供用户入网服务，且具有国际联网出口。

8. Internet 的未来

18 世纪英国的政治家、哲学家埃德蒙·伯克说："永远无法根据过去去计划未来"，这说明我们要准确地预测 Internet 的未来模样是很难的，甚至是不可能的。不过，温斯顿·丘吉尔也曾乐观地表示："未来的王国是思想的王国"，按照他的观点，我们只要认真分析和思考，对未来应该可以做出一些正确的推测和判断。密歇根大学的科学家纳撒尼尔·伯伦斯坦在《互联网的未来和未来的互联网》一文中写道："正如事实所展现的一样，互联网的一些技术前景相对而言比较清楚。尽管不可能预计突发的革新，但大多数的互联网革新还是遵循连续的道路的，是可以预计的。"我们根据对 Internet 的一些相关统计资料，结合一些知名科学家、预言家的观点，总结出以下几个未来 Internet 的发展趋向。

（1）全民上网

上网的人会越来越多，会像现在的电视一样普及。全球 Internet 的使用人数从 1993 年的不到 9 万猛增到 2003 年 5.91 亿，已经超过了全球人口的 10%。截至 2017 年底，中国网民的人均周上网时长为 27 个小时，网民规模达 7.72 亿；其中，手机网民规模达 7.53 亿，占总上网人数的 97.5%，同比增长 2.4%，可见手机已经成为最主要的移动上网设备。

（2）速度更快

网络带宽的提高，将大幅度提高网络的下载速度，同时压缩技术的发展也会使我们的文件越来越小，未来的 Internet 将会接近"即时"状态。此外，2017 年中国移动游戏用户规模达 5.54 亿人，搜索引擎用户规模达 6.4 亿人，网络视频用户规模达 5.79 亿人，网络新闻用户规模达 6.47 亿人，网上支付用户规模达 5.31 亿人。

（3）网络无处不在

国际互联网协会前主席 Vinton Gerf 说："所有家用电器都将上网。"实际上，今后与 Internet 连接的远非家用电器，汽车、飞机、火车，甚至衣服和日用品都将和 Internet 相联，网络将真正变得无处不在。

（4）没有连线的网络

无线通信技术和无线网络的发展，将会使 Internet 的接入更方便，不再受有形"线"的制约，实现随时与网相伴。事实上，目前的 4G 技术已可达到 12MB/s 以上，技术的发展将使无线上网费用降低，速度更快、更加得到普及。

（5）随时联机

过去的上网方式其过程十分烦琐，首先得启动计算机，打开调制解调器，拨号等待接入，然后才启动浏览器并输入网址方可实现上网。这一连串的过程，不但耗费大量的时间，还需要使用者具备一定的计算机知识和技能，从而使很多用户对使用 Internet 失去了兴趣，也使众多没有上过网的人望而生畏。今后的 Internet 将即时启动，永远连线，只要设备启动，便直接接入 Internet，且一直保持连接状态。就目前而言，收费方式的改变或收费标准的降低，将使人们上网越来越便捷。

（6）多种媒体融合

Internet 将和现今的多种媒体融合，人们可以在网上收看电视、听广播、看电影、读报纸。人们的选择将会增多，不但可以选择看什么、听什么，而且还可以选择什么时间看、什么时间听。现在，有些东西已经实现，如网络电影、网络广播等。今后 Internet 将会更大程度地和其他媒体融合，到那时电视、广播、报纸与 Internet 之间的界线将会变得越来越模糊，传统媒体和 Internet 之间会互相补充，Internet 需要传统媒体的传播内容，而传统媒体需要 Internet 的传播方式。

9. Internet 成为第四媒体

"第四媒体"的称谓是相对于传统三大媒体而言的，人们按照传统媒体出现的时间先后顺序，把报纸称为第一媒体，广播称为第二媒体，电视称为第三媒体，Internet 出现最晚，所以被称为第四媒体。之所以把 Internet 和传统的三大传播媒体相提并论，是由于 Internet 无论在传播的功能、传播的内容、传播的范围、传播的受众、传播方式的先进性等方面，都不逊色于传统媒体。

首先提出"第四媒体"概念的是联合国秘书长安南。在 1998 年 5 月举行的联合国新闻委员会年会上，安南指出："在加强传统的文字和声像传播手段的同时，应利用最先进的第四媒体 Internet，以加强新闻传播工作。"1994 年 4 月 14 日，在北京召开的第二届亚太地区报刊与科技和社会发展研讨会上，首次确定了第四媒体的概念。同时，专家们预计在 10~20 年的时间内，以 Internet 和信息高速公路为主体的"第四媒体"的影响力将有可能超过报刊、广播和电视三大传统媒体。

"第四媒体"的概念，从广义上讲就是 Internet。虽然和传统的三大媒体相比，Internet 除大众传播功能外，还有人际传播（电子邮件、聊天等）、电子商务、信息检索、网络游戏等功能。要和传统媒体相对应，我们可以狭义地定义"第四媒体"为 Internet 上传播新闻和信息的网站。按照这种狭义的定义，"第四媒体"是指 Internet 上的万维网。"第四媒体"在 1994 年开始兴起，一些传统的媒体抢先在 Internet 上建立自己的网站，通过自己的网站发布新闻和信息。1995 年，我国的第一份电子杂志《神州学人》通过 CERNET 进入 Internet，向广大在外留学人员及时提供新闻和信息。1997 年 1 月 1 日，人民日报主办的人民网进入 Internet，成为国内开通的第一家中央重点新闻宣传网站。到目前为止，省级以上的主要报纸、电台、电视台有相当大一部分都在 Internet 上建立了自己的网站，Internet 已经成了它们不可分割的一部分。

除了"第四媒体"这一称谓以外，还有从不同角度来称呼 Internet 的，如"网络媒体""新媒体""数字媒体"等。"新媒体"强调的是与"旧媒体"（传统媒体）的比较，以及 Internet 的新技术、新方法；"网络媒体"强调的是 Internet 本身就是一种计算机网络，也就是说这种媒体的信息传播是基于计算机网络的；"数字媒体"

强调的是在这种媒体上，信息的存储、传输、显示是以数字方式进行的。也许还有其他的一些称谓，在此不一一列举。

（二）网络的受众

对任何一种传播媒体，受众都是其存在的基础，没有受众也就没有信息传播的对象，即使这种传播媒体有着再好的信息传播技术，也必将消亡。网络广告也是一种信息传播活动，因此，研究网络受众的特点及他们对网络广告信息的接受和处理态度，是关系到网络广告效果的关键问题，也是网络广告价值高低的决定性因素。相对传统的三大传播媒体而言，网络媒体的受众研究更为客观和科学，这一方面是因为受众在上网之前必须提供自己的相关个人信息才能获得自己特有的用户名，另一方面是网络具有良好的互动性，使调查资料的反馈、处理都很方便，调查回收的样本数量远高于传统媒体的方式。以下是根据中国互联网络信息中心的历次调查结果对我国网络受众的特征分析。

1. 受众数量高速增长

网络媒体是有史以来成长最快的媒体产业，根据网络研究权威 Thestandard.com 的数据显示，为了渗透到 500 万个家庭中，广播花了 38 年，电视业花了 13 年，而网络媒体只花了短短 5 年时间在美国就渗透到 600 万个家庭中。由此可见，网络媒体的高成长性是其他媒体无法比拟的。

2. 受众的年龄特征

我国的网络用户低龄化倾向明显，40 岁以上的用户人数所占比例仅在 10% 左右，70% 左右的用户年龄在 18~40 岁之间，而 18 岁以下的用户也占到了 20% 左右。据 2018 年第 42 次中国互联网络发展状况统计报告显示，我国互联网络用户的年龄分布情况，见图 1-1。

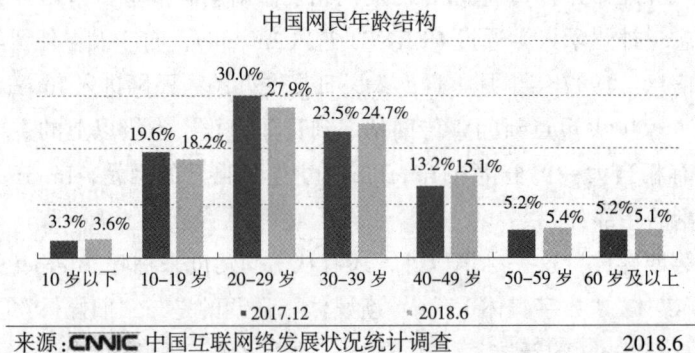

图 1-1　中国互联网用户年龄分布情况

上图的数据表明：中青年是网络最大的用户人群，这要求我们在网络广告的内容和形式上应以满足中青年为主，同时兼顾其他年龄的用户。显然，如果是中青年所需求的商品，在网络上做广告会收到更好的广告效果，也是近年来 IT 产品、手机、汽车、房地产等成为网络广告收入来源主要行业的直接原因。

3. 受众的性别特征

我国互联网用户的性别比例在 2001 年以前严重失衡，男性用户远远多于女性用户。近几年，女性网络用户有了大幅度的提升，和男性用户的比例差距在逐渐缩小。

4. 受众的文化程度特征

我国的网络用户，主要集中在较高的学历层次人群，大专以上学历的用户占 70% 左右。中国互联网络信息中心的历次调查结果表明：网络用户的学历层次变化不大。网络用户的高学历层次在全球 Internet 用户中都是一个普遍现象，因为作为网络的一个用户，必须掌握计算机操作的一些基本知识，加之网络上的内容主要以文字为主，没有一定的文化知识就不能接受其信息内容。此外，低学历层次的人往往收入偏低，也没有能力承担上网的费用。

网络用户的高学历层次特征，给网络广告的设计提出了更高的要求，高学历层次的用户对网络广告的文化底蕴、艺术水平都有更高的要求。良好的创意、富有创新的设计以及精湛的制作技术是网络广告成功的关键因素。此外，我国高学历层次的人群主要集中在城市，所以那些适合城市高学历人群消费的产品更适合在网络上做广告，如：手机、汽车、计算机、图书等。相反，农村是低学历层次人群集中的地方，农民们消费的产品在网络上做广告不会收到很好的效果，如：农药、化肥、饲料等产品，目前不太适合在网络上做广告宣传。

5. 网络受众的上网目的

中国互联网络信息中心近几次的调查结果表明：用户上网的主要目的是获取信息和休闲娱乐，其中获取信息的用户占 50% 左右，休闲娱乐的占 30% 左右，并有逐渐上升的趋势。处于第三位的是学习，占 7.9%，有小幅上升。

用户上网目的的调查结果表明：用户去得最多的是信息丰富的新闻类网站和娱乐性强的游戏网站以及聊天网站等，将网络广告投到这些类型的网站，一般会收到较好的广告效果。

（三）网络的覆盖范围

对于任何一种传统媒体，传播覆盖的地理范围都是一个重要的指标。对于一些地区性的报纸、杂志、广播、电视等媒体，它们的受众只局限于当地的人群，当我们产品的市场目标超越这些地区时，在这样的媒体上做广告就达不到我们的目标。即使全国性的媒体，如中央电视台、人民日报、中央人民广播电台等，它们的覆盖范围也几乎在中国的范围内，虽然也有对外广播、海外版等形式向其他国家的受众传播，但距离全球范围的传播目标还有很大差距。传统媒体的传播之所以难以实现全球化，一是它受着政治因素的制约，不同的国家有不同的政治制度，有不同的文化，都不希望其他国家的宣传来影响自己的政治和文化，都会采取一些手段来抵制外来政治和文化的传播；二是传统媒体的传播技术手段难以实现全球化传播，如报纸、杂志等纸质媒体的发行，是依赖于邮递系统，这种系统传递的时效性很差，成本也很高。广播、电视这类传统媒体，虽然可以通过卫星转播，但卫星转播的代价极高，且还需要有卫星地面接收站的配合，这实际上是难以实现的。目前只有全球性的体育比赛类实况节目在实施全球性的电视转播。

目前，Internet 覆盖了全球的绝大多数国家。Internet 是高开放的，它允许任何国家、企业、个人的网络接入 Internet，而一旦接入 Internet 之后，你的信息传播就不会受到任何国家和机构的制约。之所以能够在 Internet 上自由地进行信息传播，是因为在 Internet 中采用的是分布式组网方式。在分布式网络中，没有任何一个节点是网络的控制中心，任何一个节点都不能阻止其他节点之间的信息传输，这自然就没有任何一个机构能控制 Internet 上的信息传播了。由于 Internet 分布组网的特点，使得我们实现全球范围内的信息传播所需的费用很低，我们不必为 Internet 上已有的任何系统和设备支付费用，我们只需交纳接入 Internet 的线路租金和自己入网设备的费用，几万元人民币就可以组建一个自己的网站，向全球发布信息。

（四）网络广告的现状和发展

网络广告具有其他广告形式的共同特征：① 它是组织或个人的一种有特定目的的行为，它可能是宣传自己的产品，以获得经济利益，也可能是宣传自己的某种观念，以影响他人的思想和行为。② 网络广告传播的是经过加工的信息，加工包含艺术加工和制作两个方面，其目的是提高广告的传播效率。③ 网络广告是一种付费的经济行为，无论是网络广告信息的加工或是网络广告信息的传播都需专业人员承担，都需要付费。④ 网络广告是一种公开的自我宣传方式，它依靠网络这种公众媒体传播，具有公开性特征。⑤ 网络广告主要是以自己的名义进行宣传，而不是以第三者的名义进行宣传，这也是新闻报道和广告的本质差别。

网络广告由于是在网络媒体上传播，使得它具有一些其他广告形式无法比拟的优势，主要表现在交互性、广泛性、针对性、形式多样性、易于统计性等方面。交互性是指消费者可以按自己的意愿点击需要的广告信息，避免了电视、广播广告强制视听的弱点。此外，消费者和广告主之间还可以进行及时的信息交流，甚至直接实施购买行为。广泛性是指网络广告信息传播的范围广，这是因为 Internet 这种传播媒体是全球性的，任何一条网络广告都可以在全球范围内传播。针对性是指网络广告能够针对广告信息感兴趣的消费者投放，比如我们在搜索引擎中输入关键词"美容"而获得的搜索结果页面上投放有关美容产品的网络广告，将会收到很好的广告效果。所谓形式多样性，一是指网络广告可由多种信息表现形式组成，在网络广告中可以使用文字、图形、声音、动画、视频等多种信息形式，使广告的传达效果达到最佳；二是指网络广告的呈现形式比较丰富，可以采用旗帜广告、按钮广告、插入式广告、漂浮广告、游戏广告等多种形式。易于统计性是指对浏览网络广告的人次可以通过技术手段进行精确地统计，从而对网络广告的效果进行客观地评估。

1. 网络广告的现状与网络广告的收入

自 1994 年 10 月在 Hotwired 杂志的网络版上第一次出现包含 AT&T 在内的 14 家企业的广告以来，网络广告的发展速度是惊人的。

在我国，网络广告的起步稍晚，在 1997 年才出现第一个网络广告，但其发展速度并不亚于欧美发达国家。据艾瑞市场咨询 IRESEARCH 的统计显示：2003 年中国网络广告市场总值为 10.8 亿元人民币，而 2002 年为近 5 亿元人民币，一年内翻了一番有余。

从整个网络广告收入的情况看：各国的网络广告都在高速增长，但与总的广告市场相比，所占的市场份额目前还相对较低，美国的网络广告在 2000 年曾达到市场份额的 3.3%，近年由于网络泡沫经济的影响有所下降。就我国而言，2002 年整个广告市场营业额为 903 亿元人民币，而网络广告总收入为 4.9 亿元人民币，所占市场份额还不足 1%。2017 年中国网络广告市场规模近 3000 亿元，占全国广告市场规模的 42.88%。移动广告已是网络广告发展主流，信息流广告成为广告主喜爱的网络广告形式。不过，网络广告的发展速度是其他任何形式的广告无法比拟的，在不远的将来，网络广告定会跨入主流广告形式的行列。

2. 网络广告存在的问题

目前国内尚无完善的网络管理法规，即使在发达国家，有关网络广告的法规概念也没有得到确定。由于网络本身是一种开放、自由的媒体，在网络上发布的各种信息不受任何机构的限制，这本身是网络媒体区别于其他媒体的特点，但这样一来，网络广告在网民心目中的信任度就大打折扣，一些企业也趁机在网络上做虚假广告，侵害消费者权益的问题不断出现，这严重阻碍了网络广告的发展。

除了发布虚假网络广告外，网络广告的一些形式对网民正常网络行为的侵扰也较为严重，如插入式广告，不但强制网民观看，而且挡住了正常的浏览信息，使网民十分反感，既浪费了他们的时间，也影响了他们的心情，违背了他们的意愿。网络邮件广告常会塞满网民邮箱，影响他们正常的信息交流，网民个人的网络邮箱地址被网站随意透露，甚至出卖，严重破坏了网民的隐私权。

（1）网络广告创意和制作水平参差不齐

网络广告的发展历史还很短，设计界对网络广告的研究还处在起步阶段，网络广告的从业人员大都是传统广告行业转型而来，对网络媒体的认识和网民的研究还不够深入，所以目前互联网广告的创意、设计、制作水平出现参差不齐的现象，不少劣质广告大行其道。网络广告的创意要立足网络媒体本身的特点来进行，要尊重网民主动获取网络信息的权利，网络广告的创意设计重点要解决如何吸引网民来主动点击，要解决如何在较小的版面空间中利用多种信息媒体元素来传达广告信息，使之更具趣味性、诱惑力。这样的广告，网民不但不会产生抵触情绪，相反会觉得给他提供了所需要的产品信息。

（2）缺乏网络广告专业化队伍

在国内众多的广告企业中，专业从事网络广告设计制作的公司极少。一方面目前网络广告的市场份额还很小，广告客户不多，利润不高，所以专业广告公司较少参与，主要由IT业界经营。另一方面，网络广告的设计制作需要多方面的知识积累，从业者不但要掌握广告设计的知识和技能，还需要掌握网页设计、计算机图形图像、计算机动画以及数字视频、声音等多方面的知识和技术。这样的复合型人才，目前还不多。国内的高等院校中，目前培养的网络广告设计专门人才还很少。所以，在相当长的时间内，网络广告设计的专业人才都会出现供不应求的局面。

3. 网络广告的发展趋势

随着我国信息基础设施建设的不断完善及网络技术、通信技术的发展，网络传输速度将会不断提高，高速的宽带网得到普及，网络广告能够充分发挥其多媒体优势，拥有更高的互动性，更好的视觉、听觉效果以及更好的三维动画、视频表现能力，从而使网络广告对网民更具吸引力。国民经济的增长、教育的普及与提高、人们的经济收入不断增多以及上网费用越来越低，使上网人数进一步增加，达到甚至超过现有的电视受众，届时各行各业的产品宣传都会进入网络广告市场，网络广告的市场份额会更大，可能与电视广告平起平坐，甚至更胜一筹。

网络广告形式多样是网络广告的一大优势，网络广告的形式从网络广告开始出现以来不断推陈出新，从早期的按钮广告、旗帜广告，发展到现今的邮件广告、插入式广告、漂浮广告、游戏广告、视频广告等丰富多彩的形式。网络广告形式的创新离不开技术的发展，早期的网络广告，由于动画技术的限制，多采用 GIF 动画的形式，其尺寸受网络带宽的限制不可能做得很大，因为 GIF 动画的数据量会随尺寸的加大而剧烈增加。Flash 技术的出现，为网络广告形式的创新带来了一次革命性的飞跃，目前各种大幅的旗帜广告、弹出窗口广告、游戏广告等大都由 Flash 制作，它们数据量小，且具有很好的画质，深受广告主和网民的欢迎。

宽带网络的应用为网络视频广告提供了可能，网络视频广告具有电视广告般的表现力和视觉冲击力，将更符合看惯了电视广告的网民们的口味。2003 年，互通网络公司推出的 ICAST 网络视频广告得到了很多广告主和媒体的认同，主流网络媒体新浪、网易、21CN 等都纷纷签约，播放这种类似于电视广告效果的带声音、播放比较流畅的网络视频广告。随着网络技术和软件技术的发展，以及网络广告设计的不断创新，更多的能让网民接受和喜爱的网络广告形式会不断涌现出来。

网络广告已经表现出了极强的生命力和广阔的市场前景。网络生活、网络社区、网络社会在人们的生活、工作中已经占有重要地位，随着网络的不断发展，网络广告的市场份额将不断扩大，对网络广告专业化的要求不断提高，传统的广告企业将对网络广告产生极大的兴趣，纷纷投入到网络广告的专业化行业，新兴的网络广告专业化企业也会不断地成长和发展壮大。

在网络广告的专业人才培养方面，今后会广泛开展网络广告传播、设计、制作技术的学术研究，提高网络广告的整体水平。现在各相关高等院校已经纷纷开设网络广告的相关课程，今后有众多的院校会开设网络广告的相关专业，为网络广告培养更多的专业化人才。

为了维护网民的共同利益和扼制企业间的不公平竞争，国家工商行政管理部门针对网络广告管理将颁发一系列的网络广告管理法规。另外，经营网络广告的网站自身也会不断成熟，网站会维护自身形象的长期利益，拒绝对虚假广告的发布，也会对网络广告的管理逐步规范和完善。

随着网络管理法规的建设，网站人员素质的提高和网络广告管理经验的不断丰富，目前网络广告的混乱状态会得到极大改善，虚假广告以及侵犯他人隐私权、荣誉权及诋毁其他企业信誉的网络广告将会失去市场。

二、网络广告的含义

网络广告是广告的一种。简单地说，网络广告就是在网络媒体上投放的广告。在英语中，广告称为 advertising，简称 AD。网络广告一般被称为 Net AD（internet advertising）。由于网站广告的盛行，大家也把 Web AD 这个词当作网络广告的代名词，在英文中称为 network advertising 或 online advertising。

一般来说，网络广告的含义可以分广义的和狭义的两种。广义的网络广告指一切基于网络技术传播信息的过程与方法，包括公益性信息、企业的商品信息及企业自身的互联网域名、网站、网页等；狭义的网络广告是指可确认的广告主通过付费在互联网上发布的、异步传播的具有声音、文字、图像、影像和动画等多媒体元素、可供上网者观看和收听，并能进行交互式操作的商业信息的传播形式。

与一般商业广告一样，网络广告主要分企业形象广告和产品广告两大类，但都是为了产品促销——拉动终端销售这一根本目的。促销类网络广告，如图 1-2 所示。

网络广告作为实施现代营销媒体战略的重要部分，其兴起和发展是与互联网的迅速发展，特别是电子商务的出现紧密联系在一起的。20 世纪 90 年代中期，国内一家电子商务运营商曾做过一次尝试：在封闭环境下提供一台联网计算机和有 3000 元的网上银行账户，选取 10 名志愿者在这一环境中生活 10 天时间，对挑战成功者给予 30000 元奖励。结果是所有志愿者都在中途退出了挑战，理由很简单——他们在网上买不到任何东西，饿着肚子也无法生存。许多媒体报以冷嘲热讽，并说电子商务只是"看上去很美"。这一情景在网购快递满天飞的今天，是许多宅男宅女无法想象的。

图 1-2 促销类网络广告

电子商务的出现使传统经济贸易模式产生了深刻变化。2012 年 CCTV 中国经济年度人物评选颁奖盛典上，电子商务巨头马云与同台领奖的中国首富、商业地产大亨王健林在现场互相调侃。王健林和马云双方约定 10 年后，如果电子商务在中国零售市场份额占 50%，王健林将给马云一个亿，如果没到，则马云还王健林一个亿。马云有一段精彩的发言："真正创造价值的不是马云，而是你今天可能不会回头看的淘宝店小二，在街上不会点头的快递员，他们正在改变今天的中国经济。"

第二节 网络广告的构成要素

与传统广告类似，网络广告的构成要素包括广告主、广告代理商、广告媒介、受众（消费者）和广告信息。

一、广告主

《中华人民共和国广告法》中所称的广告主，是指为推销商品或提供服务，自行或委托他人设计、制作、发布广告的法人、经济组织或个人。

二、广告代理商

网络广告代理商一般需满足几方面的条件：具有丰富的网站媒体资源；具有满足任何类型的客户对网站媒体选择上的灵活度；具备广告活动策划能力；拥有技术支持力量，为广告主提供优良制作和精确的监控；拥有完善的后勤团队，在广告的投放过程中实现无缝隙服务等。

三、广告媒介

网络广告的广告媒介就是国际互联网络，网络上的一个个网站页面，就是网络广告的信息载体。

四、受众

广告受众包括两层含义：一是通过媒体广告接触的人群，即为广告的一般媒体受众；另一个则指广告主的广告目标诉求对象，即为广告的目标受众。

五、广告信息

网络广告运作本质是一种信息的传播活动，是一个信息采集、加工和传递的过程。从广告信息的表现手法上来说，网络广告可以集图文、声音、视频等元素于一体，借助多媒体技术，使广告信息图文声像并茂；从信息的容量来看，网络媒体所具有的海量存储能力使网络广告信息可以充分展示；从网络广告的传播形态来看，网络广告可以集信息发布、互动为一体，以互动为特色，构建广告信息的立体化、交互式传播格局。

第三节　网络广告的特点与优势

一、网络媒体的特点

网络信息的制作与传播速度与传统媒体相比要快很多。印刷报纸要经过稿件的文字录入、图片扫描、计算机组版、激光照排、菲林制版、印刷等多个环节以及各种渠道才能将报纸送到读者手中；广播电视则要经过前期录制（拍摄）、后期制作、播出等环节。而网络信息可即时传播，没有较多中间环节，具有超常的反应和调整能力。

网络传播的信息传播面极其广泛。互联网已覆盖了世界上大多数国家，2012年全球互联网用户数达 24 亿，中国互联网上网人数达 5.64 亿人，其中宽带上网人数为 5.30 亿，互联网普及率达 42.1%。以互联网为载体，网络信息可以快速发布到世界各个角落。

网络传播具有极强的互动性。信息传播者与信息接收者的界线日益淡化。传统意义上的受众是无法及时反馈媒体信息的，而在互联网上，普通网民能自由地反馈和发表见解，成为信息的传播者。

网络传播打破传统信息传播"点到面"的格局，可以实现个人对个人、个人对多人、多人对多人、多人对个人传播。此外，网络传播还可以分为同步传播（如网上直播、网上聊天等）和异步传播（如大部分的网站新闻）。网络媒体传播方式的多选择性使受众在接收信息时，可以有更多的自主性。

二、网络广告的优势

（一）传播范围广

凭借国际互联网络，网络广告可以将信息 24 小时不间断地传播到世界的每一个角落。只要具备上网条件，任何人，在任何地点，任何时间都可以接收。这是传统媒体广告所无法做到的。网络广告一经发布便会 24 小时循环播放，受众可以随时浏览，接收信息。

（二）具有交互性

电视、广播、印刷品或路边广告等形式的传统媒体广告，属于信息单向传播。它们必须抓住受众的视觉、听觉，将广告信息强行灌输到受众的头脑中，并试图让受众留下深刻印象；无法实现信息发送者和信息受众之间的即时互动交流，无法与消费者需求反应同步。而在网络广告的传播过程中，传播者和受众对广告信息的反应具有互动性，这是网络媒体最大的优势。通过链接，用户只需简单地点击鼠标，就可以从厂商的相关网站中得到更多、更翔实的信息。用户可以通过网络直接填写、提交在线表单或电子邮件及在线聊天软件反馈或交流信息，可以在网上预订、交易与结算，缩短了广告客户和用户之间的距离，增强了网络广告的实效。

（三）具有多维性

传统媒体多属于二维传播，信息传播方式单一。而网络广告是信息的多维传播，它将文字、图像、动画和声音等信息有机地组合在一起，传递多感官的信息，受众可以选择在线收听收看、试用、调查等多种方式，能身临其境般地体验产品和服务。随着计算机技术的不断发展，可以预见不久的将来，借助虚拟现实等新技术，具有触感、动感，甚至嗅感的网络广告信息也会出现在生活当中，增强网络广告的表现力和多维性。

（四）广告效果可跟踪、统计和衡量

传统广告业有句老话："所有的广告主都知道自己一半的广告费被浪费了，但是不知道浪费在哪了。"传统媒体广告很难准确地知道有多少人接触到了这则广告信息，只能通过并不精确的收视率、发行量来估算广告的受众数量。而网络广告可以根据及时和精确的统计机制，通过浏览量、点击率等指标，权威准确地统计出有多少受众看过某则广告，有多少人点击过某则广告，其中有多少人对发布的信息感兴趣，还可以进一步分析这些访客的主要分布区域，以及他们主要在何时对这些广告进行查询。这样就能方便用户对广告的发布进行跟踪和统计，即时衡量、评估广告效果，为确定下一步广告发布策略提供依据。

（五）投放具有针对性

网络平台一般都能建立完整的用户数据库，包括用户的地域分布、年龄、性别、收入、职业、婚姻状况、爱好等。这些资料可帮助用户分析市场与受众，根据目标受众的特点，有针对性地进行广告设计、制作，并根据用户特点进行定点投放和跟踪分析，对投放效果做出客观准确的评价。

（六）制作成本低，速度快，更改方便

与报纸、杂志或电视广告相比，网络广告费用较为低廉。获得同等的广告效应，网络广告的 CP 网（cost perthous and impressions，即每千次展示费用）一般是报纸的 1/5，电视的 1/8。网络广告制作成本低，制作周期短，即使时间很短，也可以根据客户的需求很快完成并即时投放。而传统媒体广告制作成本相对较高，投放周期不可临时变更和调整。在传统媒体上广告发布后很难更改，即使可以改动往往也须付出很大的经济代价。而在互联网上广告能够按照客户需要及时变更广告内容，包括增加新的信息、修改原有信息等，广告经营决策的变化就能及时实施。

（七）拥有最具活力的消费群体

根据资料统计，互联网用户 70% 以上集中在经济较为发达的地区，85.8% 年龄在 18 岁到 35 岁之间，83% 受过大学以上教育，64% 的家庭人均月收入高于 1000 元。网络广告的目标群体是最具活力的消费群体，这一群体的消费总额往往大于其他消费层次之和。随着经济的发展，高等教育普及程度的提高和国家相关政策的调整，这一消费群体的范围还会继续扩大。

（八）受众关注度高

根据资料显示，广播、电视等传统媒体并不能集中观众全部的注意力，40%的电视观众同时在阅读，21% 的人同时在做家务，13% 的人同时在吃喝，12% 的人同时在玩赏他物，10% 的人同时在烹饪，9% 的人同时在写作，8% 的人同时在打电话。而网络受众多数在上网时不做、也无法做任何其他的事情，注意力更专注。因此，网络广告受众的关注度较传统媒体要好，广告投放更易见到成效。

第四节　网络广告的形式及类型

一、网络广告的主要形式

（一）网幅广告

网幅广告通常以 GIF、JPG、Flash 等文件格式创建，定位在网页中，用来表现广告内容，可使用 Java 等语言使其产生交互性，使用 Shock wave 等插件工具增强其表现力。网幅广告如图 1-3 所示。网幅广告是最早的网络广告形式，包含按钮式、通栏、竖边、巨幅等不同形式。

图1-3　网幅广告

（二）文本链接广告

文本链接广告以纯文字作为点击对象，点击后进入相应的广告页面，是一种对浏览者干扰最少，但却效果较好的网络广告形式。文本链接广告如图1-4所示。

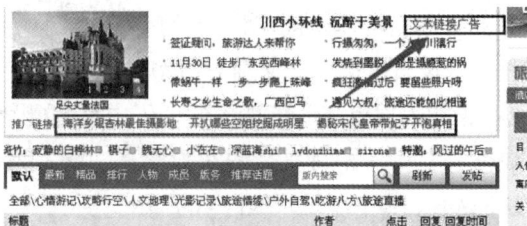

图1-4　文本链接广告

（三）电子邮件广告

电子邮件广告是以订阅的方式将行业及产品信息通过电子邮件提供给所需要的用户，以此与用户建立信任关系。它可以针对具体某一个人发送特定的广告，这点为其他网络广告方式所不及。电子邮件广告如图1-5所示。

图1-5　电子邮件广告

（四）视频广告

视频广告直接将广告客户提供的电视广告转成网络格式，并在指定页面实现在线播放。

（五）即时通信广告

即时通信广告即利用互联网即时聊天工具进行推广宣传的广告方式。即时通信广告具有较强的交互性、即时性，有着极高的使用率。

（六）BBS 广告

BBS 广告指利用论坛等网络交流平台，以文字、图片、视频等形式发布广告企业的产品和服务信息，让目标客户获知和了解相关信息，最终达到企业宣传广告的目的。

（七）Rich media（富媒体）广告

Rich media（富媒体）广告指使用浏览器插件或其他脚本语言、Java 语言等编写的具有复杂视觉效果和交互功能的网络广告。这些效果的使用是否有效，一方面取决于站点的服务器端设置，另一方面取决于访问者的浏览器是否能查看。一般而言，Rich media 广告能表现更多、更精彩的广告内容，自身通过程序语言设计就可以实现游戏、调查、竞赛等相对复杂的用户交互功能，为广告主与受众之间搭建一个沟通交流的平台。富媒体广告如图 1-6 所示。

您好，来自湖北省武汉市的朋友

我是箱品资料网客服，请您接受与我对话。

1.您有找不到的资料，我可以为您找！

2.您有什么不明白的问题，我立即为您解答！

图 1-6　富媒体广告

（八）ED 网

ED 网（E-mail direct marketing，电子邮件营销）是商业信函的网络延伸版，指通过电子邮件的方式，将企业产品、活动信息等向目标用户群发布及派发礼品、调查问卷，并及时获得目标客户的反馈信息。

（九）定向广告

定向广告指网络服务商利用网络追踪技术（如 cookies）搜集整理用户信息，按年龄、性别、职业、爱好、收入、地域分类储存用户的 IP 地址，然后利用网络广告配送技术，向不同类别的用户发送内容不同的广告。定向广告可以精确定位广告受众，提高广告效果。

二、网络广告的一般分类

根据不同的划分标准，网络广告可以有多种分类方法。

（一）按照操作方法分类

按照网络受众对网络广告的操作方式划分可分为点击式广告、展示式广告、投递式广告。

1. 点击式广告，指通过点击网页上的按钮或图片进入相应页面的网络广告。按钮广告、旗帜广告等都属于此类。

2. 展示式广告，指广告自身只传递信息而不提供进一步交互操作页面的网络广告。展示式广告常常以一个企业的 VI 形象作为广告内容主题。

3. 投递式广告，是网络广告的一种特殊形式，它不出现在网站的主要页面上，而以电子邮件或信息通知的方式传递给受众，节假日也常常以贺卡的方式出现。在未经受众允许的情况下进行，有时容易引起网民的反感和抵触。

（二）根据表现形式分类

网络广告可以分为文字广告、图片广告和动画广告。

1. 文字广告，以超链接的文字形式出现的广告，一般放在网站和栏目的首页。

2. 图片广告，以图片作为主要的形式来表现其广告内容，这种广告比文字广告更吸引人，文件较大，是普遍采用的网络广告形式。

3. 动画广告，网络广告最主要的表现形式。随着网络条件的改善，特别是当人们对网络广告的态度从重视点击转变为重视观看之后，以矢量动画技术为基础的动画广告开始成为网络广告的主流。在计算机屏幕上，动画比图片要生动得多，也更容易吸引上网者的注意。随着网络媒体技术的进步，已经可以在文件很小的情况下展现效果丰富的画面。近年流行的大屏幕广告，也是以这种动画技术为基础进行制作的。动画广告如图 1-7 所示。

图1-7　动画广告

（三）根据形态特点分类

根据形态特点网络广告可分为静态网幅广告、动态网幅广告和交互式网幅广告等不同类型。

1.静态网幅广告，指网页上呈静止状态显示的图片广告，是早年网络广告常用的一种方式。其优点是制作简单，其缺点是与众多采用新技术制作的网幅广告比较，略显呆板和单调。

2.动态网幅广告，动态网幅广告通常采用GIF图形格式，将一连串图像连贯起来形成动画。多数动态网幅广告由2到20帧画面组成。通过不同的画面，可以传递给浏览者更多的信息，加深浏览者的印象，其点击率也较高。动态网幅广告制作简单，尺寸较小，是普遍采用的网络广告形式。

3.交互式网幅广告，形式多样，如游戏、插播式、问卷、下拉菜单、表单等。交互式网幅广告允许浏览者在广告中填入数据或通过下拉菜单和选择框进行选择。比单纯的点击包含更多的内容。广告的尺寸小、兼容性好，连接速率低的用户和使用低版本浏览器的用户也能看到。

（四）根据网络广告相对网页位置分类

根据网络广告相对网页位置来分，网络广告可以分为静态式广告、游动式广告和弹出式广告。

1.静态式广告，指内嵌在网页上的固定位置的广告，是一种传统的网络广告形式。它的表达方式单一，只能被动地显示，较难吸引上网者点击观看。

2.游动式广告，根据设计线路在显示屏幕游走的网络广告形式。同传统的静态式广告相比，游动式广告表现形式多样，更具主动性，能够吸引上网者注意和点击。

3.弹出式广告，是指在打开一个页面时自动弹出的网络广告形式。比静态式广告更能吸引网民点击，但是它具有强迫性，而且会对受众造成干扰，频繁使用往往会使受众产生逆反心理，不宜太多采用。弹出式广告如图 1-8 所示。

图 1-8　弹出式广告

（五）根据广告尺寸分类

根据广告尺寸分，网络广告可以分为按钮式（button）广告、旗帜式（banner）广告和大屏幕广告。

1.按钮式广告。一般不超过 100 像素 ×100 像素，由于面积小，所以在网站上的数量最多，价格也较低，是广告用户广泛接受的网络广告形式。按钮式广告如图 1-9 所示。

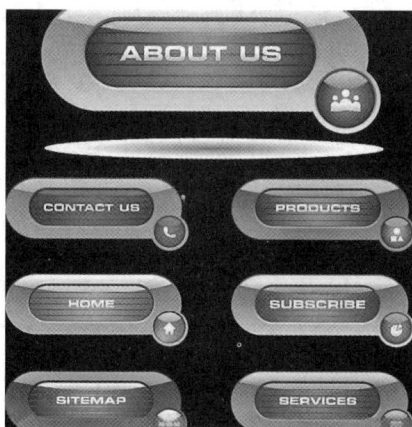

图 1-9　按钮式广告

2.旗帜式广告。一般为 468 像素 ×60 像素，深受广告客户欢迎，是最普遍采用的一种网络广告形式。旗帜式广告如图 1-10 所示。

图 1-10　旗帜式广告

　　3. 大屏幕广告。美国互联网广告联合会（IAB）于 2001 年 2 月公布了一系列新的在线广告规定，在这一规定中，突破了对网络广告大小的限制，大胆地推出了各种尺寸的广告，最大达到了 160 像素 × 600 像素，远远超过了传统 1468 像素 × 60 像素的规定。现在流行的大屏幕广告完全突破了原有的广告尺寸大小的限制，内嵌在文章里的广告几乎占了页面的 1/4 大小，而通栏广告则横贯了整个页面，具有较强的视觉冲击力。

第二章　新媒体时代下网络广告的一般原理

第一节　网络广告的形式

随着网络技术的不断发展以及网络在人们日常生活、工作中的广泛应用，网络作为一种新兴媒体迅速崛起，也为广告提供了一个潜在的大市场和传播渠道。网络广告与传统广告相比，由于其传播的媒体不同，其广告的形式、广告的信息特征以及广告的信息传播方式都有着自己的特点，它将会成为今后广告研究的新焦点。

一、旗帜广告

我们在浏览网页时，经常发现在网页上散布着各式各样的广告图片和动画，它就像旗帜一样在页面中飘扬，所以我们称这种类型的网络广告为旗帜广告，也叫作 Banner 广告。

旗帜广告是网络广告的主流形式，从位置上看，位于页面顶部的最为醒目，称为页眉广告，一般为长方形。由于该位置是页面的视觉中心，所以页眉广告具有很好的广告效果，收费也比其他位置的旗帜广告要高。其他位置的旗帜广告可以是长方形，也可以为正方形。从形式上旗帜广告有横式和竖式之分。所谓横式，就是旗帜广告的长边在水平方向，长边在纵向的称为竖式旗帜广告。

旗帜广告的长度一般在 400 ~ 600 像素之间，宽度在 80 ~ 100 像素之间。1997 年，美国 IAB 公司进行了大规模的网络广告调查，广泛向广告主、广告代理商征求了旗帜广告尺寸的意见，制定出了旗帜广告尺寸的常用规格，如表 2-1 所示。

表 2-1　旗帜广告尺寸规格

尺寸（像素）	类型
468 × 60	全尺寸 Banner
392 × 72	全尺寸带导航条 Banner
234 × 60	半尺寸 Banner
125 × 125	方形按钮
120 × 90	按钮 #1
120 × 69	按钮 #2
88 × 31	小按钮
120 × 240	垂直 Banner

　　旗帜广告有动态和静态两种，大多数旗帜广告为动态的，为 GIF 动画或 Flash 动画。GIF 动画在表现较为复杂的动态效果时，数据量较大，一般只用来制作只有简单闪动或滚动的旗帜广告；Flash 动画由于是采用矢量动画技术，其动画的数据量较小，且可以制作出精美的动画效果，是目前旗帜广告的主要动画形式。静态的旗帜广告图像格式一般为 GIF 和 JPG，GIF 格式用于色彩较少的情况，因为该格式只有 8 位色彩深度，在图像中的色彩数最多为 256 色；JPG 格式能表现出丰富的色彩，其色彩深度为 24 位，且具有较高的数据压缩率，其缺点是和原图像之间有失真。

　　旗帜广告由于自身尺寸受限，所能传达的广告信息和视觉冲击力也受到限制。通常在旗帜广告上都设有超级链接，点击旗帜广告会链接到专设的广告页面或广告站点，使受众了解更多、更详细的广告信息。

二、按钮广告

　　按钮广告和旗帜广告的主要差别是其尺寸较小，一般为小图片或小动画，其本身传达的广告信息非常有限，它的主要作用是吸引网页浏览者来点击它，从而链接到专门的广告页面或广告网站。当浏览者不去点击广告按钮时，其广告信息的传达就没有实现。相对按钮广告来说，旗帜广告的尺寸要大得多，即使浏览者不去点击旗帜广告，其本身传达的广告信息也较为丰富，广告信息的传达不完全依赖于浏览者的点击行为。从设计的角度上讲，按钮广告的按钮设计任务就是如何引起浏览者的点击行为，使他们产生点击的冲动，真正的广告信息是在专门的广告页面或站点中去传达。而旗帜广告的设计任务首先是传达广告信息，当浏览者对广告信息有进一步的渴求时，可以通过点击获得更为详细和全面的广告信息。

从表面上看，按钮广告和旗帜广告都是静止的图片或动画，点击之后都有链接的后台广告页面，所以也有人把按钮广告归为旗帜广告，认为按钮广告是旗帜广告的一种小形式。按钮广告的常用尺寸规格可以参考表 2-1，其发布的位置通常在页面的两侧或底部。

三、漂移广告

此类广告形式为在页面上游动的小图片或小动画，点击它可链接到广告页面或网站。这种广告由于在页面上不停地游动，可以引起浏览者的注意，但这种不停地游动也给浏览者浏览页面内容造成了很大的干扰，使浏览者产生抵触和反感情绪。这种广告受到广告主的欢迎，它带有强制浏览者观看的作用，前些年该类广告应用较多。近年来，由于网络用户对该类广告的强烈反感，许多网站已不再使用该类广告形式。

四、悬浮式广告

在物理学中，当一物体的密度与液体密度相等时，该物体就会在液体中呈现悬浮现象，物体悬浮的位置由初始状态确定，一旦把它置入某一特定位置，它就一直悬浮在那里而不受液面高度的影响。网络中的悬浮式广告与此类似，当把一广告图片或动画植入页面的一特定位置后，不论是否滑动浏览器右边的纵向滑条，广告始终保持在屏幕上的固定位置不变，该类广告一般发布在页面两边的空白处。

该类广告的最大优势是加长了广告的呈现时间。对旗帜广告而言，如果放置在页面顶端，当浏览者滑动浏览长页面的后部时，页面顶端的广告被移出了屏幕，浏览者自然就看不见它了。悬浮式广告不同，它不是处在页面的固定位置，而是处在屏幕的固定位置，所以不论你浏览页面的哪部分内容，广告会始终呈现在你的视线范围内，呈现时间更长，视觉印象也就更深。

如果将悬浮广告放在页面内容之内，悬浮广告一定会给浏览内容造成干扰，使页面浏览者产生反感。所以通常的做法是将悬浮广告放在页面两侧的空白处，这样既不影响页面内容的浏览，也达到了延长呈现时间的目的。大多数页面两侧都留有空白，这是因为通常的页面宽度都是以屏幕分辨率为 800×600 来考虑，而现今浏览者的计算机大多设为 1024×768 的分辨率，由于页面居中，自然在两侧就出现了没有内容的空白区域。当然，如果浏览者的计算机设在 800×600 的分辨率下浏览页面，两侧的悬浮式广告自然就不可能看见了。

悬浮式广告可为长方形、正方形，但其宽度受到两侧空白区域宽度限制。和旗帜广告一样，一般在广告上都设有链接，点击它可获得更多的广告信息。

五、弹出式广告

弹出式广告也有人把它称为画中画广告、跳出广告等，它是在网页开启时自动弹出一个广告窗口，与网页形成画中画的关系，但广告窗口覆盖了网页的部分内容，要浏览这部分内容时，浏览者可自行关闭窗口。

弹出式广告是目前采用较多的网络广告形式，由于在网页开启时自动弹出，强迫浏览者观看，具有电视插播广告的特征，所以很受广告主的青睐。尤其是首页上的弹出式广告，广告主争相抢夺，所以价格也是最贵的。在网民这边，由于这种广告会干扰对网页的浏览，遭到了大家众多"口诛笔伐"的抗议，同时也成了广告拦截的首要对象之一。弹出广告的弹出窗口可大可小，通常为屏幕的 1/4 左右，也可以扩大到全屏。

六、电子邮件广告

电子邮件广告类似以前的直邮广告，只是它通过网络将广告信息发送到目标用户的电子邮箱里，而不是通过邮递系统来传递广告信函。由于是通过网络传递广告信息，所以在费用上比直邮广告低得多，且非常及时，不像直邮广告那样需要数天才能送达目标用户。

电子邮件广告可以直接发送，也可以通过与其他信息一起搭载发送，例如通过用户订阅的电子刊物、新闻邮件、免费软件以及升级软件等其他资料一起附带发送。也有的网站使用注册会员制收集忠实读者群，将客户的广告连同提供的更新信息一起准确送到网站注册会员的电子邮箱中。

获取目标用户的邮箱地址是实施电子邮件广告的基础。对于提供电子邮件服务的网站，自然就获得了在本站开设电子邮箱的用户的邮箱地址。其他一些提供免费服务的网站，在用户申请服务时就要求提供邮箱地址及其用户的年龄、职业、性别等相关信息，这也能获取众多的用户邮箱地址。在发送电子邮件广告时，首先应根据产品的目标客户特征，依据申请免费邮箱或免费服务时用户提供的个人信息，制作出相应的电子邮件列表，然后按此列表发送电子邮件广告。由此可以看出，电子邮件广告具有较好的针对性。

目前，由于一些网站滥用电子邮件广告，使得用户的邮箱里堆满了大量的广告，影响了网络用户的正常通信，反垃圾邮件的呼声不断高涨，这将会影响邮件广告的正常运行。对大多数用户而言，如果确实能为他们提供真正需要的广告信息，对电子邮件广告还是持欢迎态度的。

七、网上分类广告

网上分类广告是受报纸分类广告的启发而产生的一种网络广告形式，在形式上和报纸的分类广告专栏没有本质差别，也是将同类信息集中在一个分栏内，便于用户查找。但在功能上比报纸的分类广告强得多，一是因为每一个分类广告都设有超级链接，可让用户获得更详细的广告信息，不像报纸那样受到版面空间的限制；二是因为在分类广告页面内设有信息搜索功能，可以搜索到没有呈现在分类广告页面上的广告信息。

分类广告这种形式受到网络用户的赞同，它不强迫浏览者观看，也不会干扰其对网页内容的正常浏览。它将分类广告信息放在一独立的页面内，当用户需要获取某方面的商业信息时，又能通过强大的搜索功能得到满足。但对于广告主来说，一旦用户没有主动进行广告信息的获取，那么它所发布的分类广告就如同没有发布该广告一样，一直没有起到广告的作用。

八、关键词广告

关键词广告近年来异军突起，它已成了 Google、Yahoo、AOL 等搜索业务网站的最主要盈利方式。关键词广告是搜索引擎技术在网络广告发布中的应用，当搜索用户使用搜索工具键入关键词时，搜索结果的页面上就会显示广告客户们的相应广告。

关键词广告的一大优势是可以具有很强的针对性，例如，在"旅游"这个关键词的结果页面上投放某旅游景点的广告，就会收到较好的广告效果，因为键入"旅游"这个关键词的搜索者，此时正关心与旅游相关的各种信息，所提供的广告信息正好与他的需求相吻合，无疑会达到很好的广告效果。此外，关键词广告为国内企业产品的海外快速推广找到了一条通道，因为像 Google、Yahoo、AOL 这样的大型搜索引擎网站，每时每刻都有来自世界各国的众多网络用户在使用，在它上面投放关键词广告必然会起到快速向世界范围内推广的作用。

九、游戏广告

游戏广告是利用网络游戏为载体并将广告信息传达给受众的一种广告形式。

游戏广告利用了人们对游戏天生爱好的心理,从而以游戏为载体进行广告宣传,并借此来吸引消费者。广告游戏特有的互动性、娱乐性,使它成为名副其实的个性化媒介,很容易迎合新时代消费者的口味。相对一些"硬推"式的网络广告形式,游戏广告"魅力"十足的娱乐性能引起消费者自发的关注和参与,他们会主动去寻找游戏广告中的游戏来玩。而在这一过程中,消费者对游戏广告中传达的商业信息不会产生抵触和反感情绪,可达到很理想的广告传播效果。

游戏广告通常有三种形式:第一种形式是仅仅把产品或品牌信息嵌入游戏环境中,使游戏在含有广告信息的环境中进行,游戏的内容和主题与广告信息能产生直接或内在联系,这种形式的游戏广告能有效地引起消费者对产品的联想,从而潜移默化地加强了品牌宣传效果;第二种形式是把产品及相关信息作为进行游戏必不可少的工具、手段或角色来使用,在游戏中,广告信息本身就是游戏的内容,游戏者对它们进行反复地利用和展示,从而加强了产品和品牌的认知和记忆;第三种形式是在游戏中通过提供产品的真实内容,让消费者在游戏的虚拟空间中体验产品,通过与消费者互动的方式来提高传递广告信息的效果。这种形式的游戏广告有让消费者直接试用产品一般的广告效果,它完全控制着消费者的注意力,使消费者加深了产品或品牌的印象。

十、网站栏目广告

综合性网站和门户网站一般都设有很多栏目,提供新闻、论坛、娱乐、旅游等方面的信息和活动,在网上结合这些特定专栏发布的广告称为网站栏目广告。

栏目广告一般为赞助式广告,就像电视中赞助某电视节目的播放一样,这对企业树立"在线"公众形象有很大的帮助,会受到众多广告主的青睐。赞助形式分为节目赞助、内容赞助、节日赞助等。赞助式广告形式多样,广告主可选择与自己企业相关的内容或栏目进行赞助,也可以对特定事件和节日开设的专题进行赞助,如"欧洲杯足球赛""三八妇女节专题""母亲节专题"等。栏目赞助支持的广告位置一般位于页面的顶部,是页面的视觉中心,是最易吸引眼球的地方。

十一、其他广告形式

网络广告的形式不断推陈出新,并随着网络硬、软件技术的进步而不断发展。宽带网络的应用使网络视频广告问世,2003年互联网络公司推出的ICAST网络视频广告得到了很多广告主和媒体的认同,主流媒体如新浪、网易、21CN等都纷纷签约,播放这种类似于电视广告效果的带声音、播放比较流畅的网络视频广告。

此外，还有类似于广播广告的网络声音广告，只要浏览者一打开网页，声音广告就会播放。鼠标广告也很新颖别致，广告文字随光标的移动而产生出各种形状和色彩的变化，或与鼠标事件有关，当鼠标放入广告文字或小图片时，就会出现一个大的广告图片或动画，当鼠标移开时又自动还原。有奖广告在网络上也比较流行，它通过获奖诱惑来吸引用户点击，只要点击到一定的次数，你就可以获得一定的电子赠券或奖品。

在网络上，每年都有很多新的广告形式产生，今后必将表现出更多能让广告主、浏览者和网站都认同和欢迎的广告形式。2003年一些网站推出的弹出式广告就是一例，它在弹出式广告的基础上加以改进，只要广告播放结束就自动关闭弹出窗口，这样就减小了对页面浏览的干扰，网民就可接受它了，同时对广告效果也没有太大影响。

第二节　网络广告的信息元素

网络广告的目的是要将广告的信息传达给网络的使用者。要实现信息的传达，必定要通过一些信息元素来表现所要传达的信息，在人们的日常生活中是通过文字、图形图像、动画、声音这些元素来完成绝大多数的信息传达和交流的，这些信息元素的接收是依靠人的视觉和听觉来完成的。还有一少部分信息是依靠人的味觉、嗅觉、触觉等其他感觉器官来完成。在目前的网络环境中，信息的传达主要依靠人的视觉和听觉来完成，所以，网络广告中的信息元素包括了文字、图形图像、动画、声音这些视听元素。

一、网络广告中的文字

文字是人们使用最广泛的信息传达和交换形式。人们每天都阅读报纸、书籍、杂志等文字读物来接收新闻、科学文化知识，以及通过阅读小说中的文字来享受文学作品的艺术之美，所以文字是人们易于接收和习惯的一种信息元素。

在网络广告中的文字分为标题文字和说明性文字。标题文字要求能吸引网页浏览者的注意，在形式上可采用醒目的字体和亮丽的颜色，在内容上要以简短的句子来表达广告的主题。标题文字的另一要求是能引导点击行为，在文字撰写上可以设置悬念、采用提问式的语气以及承诺利益、采用祈使语句等。网络广告的说明性文字一般位于点击行为之后链接的新广告页面上，要求简洁、明了、清楚、完整，尤其要避免拖沓和杂乱，浏览者对这样的文字是没有耐心去看的。

二、网络广告中的图像

在网络广告中，文字传达的是抽象的信息，比如对某汽车外形可描述为"精致"，"精致"这个概念需要借助于人的知识经验来认识和理解，不同的人对同一概念的理解是有差异的。图像与文字不同，它传达的是具象的信息，展现了抽象概念的实际面貌，所以显得直观，也易于理解和接受。

网络广告中的图像不同于纯艺术的图像和新闻类的图像，它不是以反映图像创作者的个人情感和思想为主旨，也不是以反映真实为目的，而是以传播商业信息和广告意念为主要动机，以迎合消费者情趣和进行必要的规劝和说服为基本手段，以追求商业的促销效果为根本目的。

在图像的创作手段上，网络广告图像可以用绘画方式来创作，借助于画笔、颜料、画板等工具来完成，将作品制作在画布或纸张上；也可借助于计算机及相关绘画软件创作，直接形成网络广告所需要的数码图像；通过摄影方式来创作广告图像也是常用的手段，对于那些要求表现实物的广告图像，摄影是最好、最便捷的创作方式。由于网络广告中只能使用数码格式的图像，对于非数码相机拍摄的作品，要借助于扫描仪将其转化为数码格式，扫描仪可以扫描底片，也可以扫描照片。对于绘画方式创作的图像，小型的可以直接用扫描仪扫描，大型的绘画图像要先通过摄影的方式将其拍摄下来，然后才能转化为数码格式的图像。

网络广告图像，根据广告的需要可以采用多种风格，有写实的、卡通的、漫画的、装饰绘画的等风格；在色彩上可以采用黑白图、灰度图、彩色图；在空间上可以用平面图像，也可以用三维图像。图 2-1 和图 2-2 是网络广告图像的一些例子。

图 2-1　写实型广告中的图像

图 2-2　卡通型广告中的图像

三、网络广告中的动画

从消费心理学讲，只有先引起消费者对你产品的注意，才有可能进入到比较、联想、判断、购买行动的施行等一系列的消费心理过程。我们在网络上发布的广告，如何才能引起网页浏览者的注意，并让他们做出点击行为呢？这是网络广告设计者煞费苦心的问题。

在一项动画与静态图形吸引浏览者注意力的对比调查中，其结果显示：使用简单的 GIF 动画生成的广告图形，点击率会上升 10%~25%，而动画广告的面积平均比静态广告小 5%~25%。由此可见，动画广告能以较小的面积吸引更多的注意力，这大概就是网络广告大多采用动画形式的主要原因了。

动画不但有很强的视觉冲击力，能吸引浏览者的注意，而且由于它可以在时间维度上延展，使得它在一定时间内传达更多的广告信息量。图 2-3 所示的是福特汽车公司的英国网站对汽车的介绍，各种不同的汽车在一个横贯画面上缓缓移动，似乎让浏览者在传送带上任意挑选一样。当浏览者把鼠标光标放在某一款汽车上时，"传送带"立即停止，该款汽车变得更加清晰，并同时在下边显示出该款汽车的性能参数、价格等信息。如果采用静止画面，在这有限的版面空间内是无法展示汽车的所有款式的。

图 2-3　福特汽车介绍

　　动画还能将网络广告所宣传的产品表现得更加生动，具有强烈的真实感。对于在网上冲浪的人来说，由于他们有更多的选择，他们没有耐心去阅读大量的文字，更希望看到一些表现生动、直观的信息，对于广告信息更是如此。网络广告动画就像电影、电视一样，能将产品表现得栩栩如生，仿佛在真实世界一样生动、活泼，使浏览者不像阅读文字那样感到枯燥、乏味。图2-4是上海大众汽车公司为PASSAT汽车做的网络动画广告，画面上汽车高速、平稳地向前奔驰，汽车背后的景物及路灯电杆在向后移动，仿佛你自己驾驶着这款汽车在公路上亲身体验，感受它的舒适、平稳给你带来的体验。动画还配有美妙动听的音乐，使你对这款汽车充满了无限的遐想和渴望，实现了很好的广告效果。

图2-4　汽车广告动画

　　网络广告动画主要有GIF动画、Flash动画、三维动画这三种类型。GIF是在网络上出现最早的动画形式，这种动画属于帧动画类型，每一帧的内容不同，但前后帧之间相互联系，后一帧是前一帧的继续，每一帧都是一幅图像，将各帧的图像按一定速度顺序播放就形成了动画。GIF动画只能表现256种颜色，动画的数据量随着幅面的加大成指数增长，所以一般适宜于制作小型的网络动画。它的最大优点是制作简单，且大部分浏览器无须插件就可直接播放。

　　Flash动画是目前网络上使用最广泛的动画形式，它是矢量动画，具有数据量小、放大不影响动画质量等优点，所以深受网络广告制作者的喜爱。Flash动画和GIF动画不同，它不需要逐帧制作图像，只需要制作出关键帧画面，关键帧之间的画面由Flash自动生成，所以动画制作的工作量比GIF动画要小，适合制作大幅面、时间较长的网络动画。不过，要使浏览器能播放Flash动画，需要安装Flash的播放插件，否则将无法看到网页上的Flash动画。由于macromedia公司的Flash动画制作软件内嵌有相应的 Flash 脚本语言，所以在 Flash 动画中可以实现很好的交互性，制作出各式各样互动动画效果，甚至可制作出 Flash 动画游戏。

三维动画所表现的是三维空间形象和运动，可用 3d max、Soft image、maya 等三维动画软件制作。动画表现的效果更接近我们生活的真实世界，所以表现得更加真实、生动，可以制作出非常具有震撼力的动画，具有很好的广告信息传达效果。不过由于三维动画的数据量极为庞大，在目前的网络带宽条件下，不但下载时间长，且播放也不流畅，只有宽带网用户还可以接受。所以，三维动画目前在网络广告中应用并不常见，一般只用来制作一些小型的标志、符号等。

四、网络广告中的声音

声音是信息传播的一种基本形式，它利用人们的听觉器官来接收。科学家们的研究表明：人们能记住听到信息的 20%，仅次于通过视觉获得信息的记忆率 30%，如果人的眼耳并用，能记住获取信息的 50%。由此可见，如果在网络广告中使用声音和视觉元素一起来传达广告信息，会收到更好的传达效果。

声音分为有声语言、音乐、音响，有声语言比无声语言（文字）要生动精彩得多，其蕴藏的内涵也丰富得多。英国作家萧伯纳说过，有 50 种说"是"的方法，有 500 种说"不是"的方法，而只有一种写这两个字的方法。之所以如此，是有声语言有更为丰富的表情，同一个词、同一句话，说话人的语调、音色、响度、语速等在不同组合会对听者的心理产生不同的影响。音乐是以在时间上流动的音响为物质手段，通过有组织的乐音构成听觉形象，以此抒发情感、反映生活的情感艺术。音响是除有声语言和音乐之外的其他声音，如汽车发动机的声音、风声、雨声等，这些声音是为了营造自然、现场的真实感觉，使人觉得身临其境。

在网络广告中，除声音广告外，其主要在点击之后的专门广告页面内使用，较多的是给广告动画配上背景音乐，有时也加上一些环境音响，使广告动画更加有声有色。在网站内容页面上的广告一般不加任何声音，一是声音会干扰浏览者对网页内容的浏览，使受众产生反感；二是众多广告的声音混杂在一起，也不能起到传达信息的作用；三是声音文件的数据量大，会大大加长网页的下载时间。所以，在网络广告中声音的使用不是很多，但在游戏广告中，因玩家只专注于游戏本身，常使用声音来加强游戏的娱乐性和真实感。

第三节　网络的传播特点

　　广告是一种信息，要实现广告的目的，就需要将广告信息传播到它的目标人群中。传统的广告都依靠传统的传播媒体进行传播，如报纸、杂志、广播、电视等；每一种传播媒体都有着自己的传播特点。网络广告是依靠网络这种新兴的传播媒体来实施广告信息的传播的，因此它表现出了自己独特的传播特征。

一、多种传播方式

　　人类的传播活动可分为人际传播、群体传播、大众传播等类型。人际传播是个体与个体之间的信息交流活动，包括了面对面地直接传播和借助于媒介的间接传播，如人们日常生活中的面对面交谈、相互间的书信往来等。群体传播是指设有固定的社会组织形式的人群中所发生的信息传播，人群中的成员有着共同关心的事物或话题，并各自发表自己的观点和看法。茶余饭后，我们常会见到一些人群聚在一起，谈论国家的政治、经济、文化，或者讨论着某一社会现象以及一些生活中的焦点问题等，这样的一些传播活动就属于群体传播。大众传播是专业化的媒介组织运用先进的传播技术和产业化手段，以社会上一般大众为对象而进行的大规模的信息生产和传播活动，大众传播是几百年以来对人类社会影响最大的传播形式，我们生活中所看到的报纸、广播、电视都属于大众传播媒体。

　　网络这种新兴的"第四媒体"与任何传统的媒体在传播方式上都有明显的差别，传统的媒体只能实施一种传播方式，而网络将多种传播方式融为一身。电子邮件、聊天室是网络中实现人际传播的典型例子，电子邮件在形式上和传统的信件相似，把信件投入到收信人的邮箱中，但与传统的信件相比，它传递的信息更加丰富，不但有文字、图像，而且还可以有动画、声音，甚至在邮件内容上设置超链接。聊天室有使人与人之间进行交谈的效果，借助于摄像头和耳机，聊天者之间虽身处千里之外，但能看到对方的形象，能听见对方的声音，就如同面对面交谈一般的感受。讨论组、BBS是群体传播的最好例证，人们可以在谈论组、BBS上阅读其他人的留言，也可以发表自己的意见，参与讨论和传统群体传播的差异是群体成员之间互不了解真实身份，成员在参加讨论时以一个代号出现，由于这种身份的隐秘特点，使得成员在发表意见和讨论时，常会出现一些人身攻击的过激语言，甚至会出现违反国家法律的色情、暴力、毒品等内容。各门户网站和大型综合性网站是大众传播的典型例子，它们面向大众提供各种新闻信息、商业资讯、娱乐产品等。相对传统大众媒体来说，它所包含的信息容量更大、更及时，所以现在越来越多的人每天通过网络来阅读新闻，以能及早获得最新消息为乐。

传统的大众传播媒体都普遍采用"推"式传播，它们想方设法将自己制作的信息推销给受众，对受众来说只能是媒体给什么就接收什么，在信息的获取上，受众失去了主动选择的权利。这种大众传播"推"技术的使用，从根本上说是以"传媒为主体"，而忽略了受众主体的存在。

"拉"式传播技术是以受众为本位确立的，在这一传播格局中，受众不满足于被动地接受信息，而是要根据自己的目的和需要来选择信息。迄今为止，网络是"拉"式传播的最典型体现。2003 年 2 月，中国互联网络信息中心对用户经常使用的网络服务调查中，有 70% 的被调查者回答为搜索引擎。这一结果充分表明网络使用者在网络中按自己的需求获取信息的普遍性，也充分体现了"拉"式传播技术的独特魅力。

网络之所以能较好地实现"拉"式传播，一是网络中的信息容量是任何传统媒体无法比拟的，这里能满足人们对信息的各种需求。2002 年，全球已有 30 亿网页及 2000 万个网址，在我国也有 37.1 万个网址。二是网络中采用了先进的搜索引擎技术，使得人们得以实现按自己需求选择信息的可能，不但有 Yahoo、Google、Goyoyo 等专业的搜索网站，而且在众多的网站内也设有搜索功能，使上网者能非常方便地获取自己需求的信息。网络实名技术的推出，使人们选择信息更加方便，如今，你只需在浏览器内输入你所需要信息的关键词，便会在网站内找到你要的相关内容。三是网络的分布式技术及超链接技术使我们能共享存储在世界各地网站上的信息，如今我们只要通过搜索引擎找到所需信息的网址，不管该信息位于世界上的哪一个角落，只需鼠标轻轻一点，就可以将信息"拉"到自己的显示屏上，供自己阅读，甚至可以保存到自己的磁盘上或通过打印机打印出来。

二、网络传播的及时性

网络传播比传统任何一种媒体的传播都来得及时，一方面网络是一种电子媒体，信息以光速传递；另一方面网络媒体信息的加工、处理、发布都十分方便和快捷。在报纸媒体中，稿件完成之后，还需要经过编辑、制版、印刷才能得到信息成品，之后还要经过运输配送到各发行站，然后才分配到各报纸的销售者手中，经过这些销售者或邮递系统最终才能送达到信息的接收者手中，这一过程至少需要数小时的时间。广播、电视虽然也是电子传播媒体，但它们信息的加工处理过程十分复杂，需要较长的时间。以电视新闻为例，记者在现场拍摄完之后，还要经剪辑、配音等后期处理过程，加之电视节目的播放都是按照预定计划播出的，不可能随时插播最新获得的消息，所以它的传播及时性远不如网络。

三、网络中的互动性

网络中的互动传播是区别于传统印刷传播、电讯传播的本质特征。在网络中，用户不但是信息的使用者，同时也是网络信息资源的生产者和提供者。我们可以在网络上获取新闻，也可以通过讨论组、BBS 去参与新闻热点问题讨论并发表自己的看法；也可将自己身边所见所闻在 BBS 上发帖子，供其他人阅读；我们甚至还可以组建一个个人网站或申请一个免费的个人主页空间来发表个人所关注的信息，表达自己的观点和立场，搭建起个人与他人交流信息的平台。对于网络广告之类的商业信息，我们不但可以通过网络获取它所提供的产品信息，而且我们还可以方便地通过网络给商家提供自己对产品及服务的改进意见和建议，使产品的生产者、经营者、消费者之间建立起一条通畅的交流渠道，使消费者也参与到产品的设计、生产、经营中来，最终使企业能够生产出真正满足消费者需求的产品来，并真正提供使消费者满意的服务，这无疑会对生产和消费的繁荣起到积极的推动作用。

传统的大众传播媒体（报纸、广播、电视等）的信息传播均是单向的，信息由传播者生产和提供，信息的使用者只能被动地接受传播者提供的信息，没有信息提供者和使用者之间的沟通和交流渠道。之所以如此，一方面是因为这些媒体使用的传播技术难以实现双向的互动传播；另一方面是这些媒体发展的历史原因所致，它们已经习惯了以传播者为中心的信息传播方式，加之信息容量又受到版面、时间的限制。尽管传统媒体在双向互动传播方面有着很多局限和限制，但它们已经注意到双向互动传播给信息传播带来的积极作用，纷纷开展了一些互动双向传播的尝试。在报纸上，你会发现有"读者来信""回音壁"类的版块，所占版面虽然不大，但体现了双向传播的特征；在广播、电视上也开办了一些听众、观众参与的节目，听众、观众可以通过打电话、发短信等方式参与问题的讨论，发表自己的观点和看法。在传统的三大媒体中，相比之下广播的互动双向传播开展得更为丰富一些，在"交互信息"一类的节目中，人们可以将自己所见到的交通状况发到电台，由播音员立即播出，使用户成为信息的提供者；在"二手市场""求购""专家咨询"等节目中，人们可以通过电台进行信息的交流和沟通。总体来说，传统媒体的互动双向传播是十分有限的，与它的单向传播相比，还是显得微不足道。

四、网络传播的开放性

目前，互联网络是唯一的全球性媒体，该媒体几乎覆盖了世界上所有的国家，这是传统媒体不可能实现的。互联网之所以能成为全球性的媒体，主要得益于它的开放性原则。所谓开放性，是指网络作为一种信息交流平台，不同厂家、不同型号、不同系统的计算机能够共存于同一网络中，不同网络可以通过网络协议传输和交流信息。这种开放性的原则使得世界各国的网络能够连接在一起，把位于世界各地网站的内容共存于互联网络中，实现信息资源的共享。在网络上，不管你身处何地，只要需要，可以获得世界各地任一网站的信息；也不管你发布信息的网站在何处，世界各地的任一网络用户都可以浏览到你网站上的内容，所以我们说网络上的传播是全球性的。

网络中的信息是先进的数字化方式进行存储的，不论是文字、图像、声音、视频还是动画，都可以转化为数字方式进行高密度存储，加之网络上的信息还是分布存储在各网络节点中，所以，可以认为网络的信息容量是无限的。现在数字存储媒介技术发展十分迅速，一个普通的硬盘已有 80GB 的存储容量，如果以存储汉字来计算（每个汉字占用两个字节），一个 80GB 的硬盘可以存储大约 20 万册每本 40 万字的图书，已相当于一个中型图书馆的规模，足见网络信息容量之巨大。在网络服务器中，还可以将多个硬盘通过磁盘阵列技术组合在一起存储信息，使得信息存储容量更加巨大。

对于传统的纸介质传播媒体来说，信息的容量要受到版面的限制，不可能将报纸的版面做到无限多，即使像《纽约时报》这样的大报，其最多也只由几百个版面组成。广播、电视这类电讯媒体，由于它们的信息是以时间为基础的线性组织方式播出，最大播出的信息量受到每天只有 24 小时的限制。

网络媒体既具有广播、电视媒体的声音、动态图像信息形式，具有强烈的感染力和视觉冲击力，又不像广播、电视那样以时间为顺序的线性播出方式。广播、电视都有一个按时间顺序安排的节目表，什么时间播出什么节目在预先已经确定。对于信息接收者来说，在特定的时间只能收到预先在该时段安排的信息，一旦节目播过就不可倒转，无论你自己是否看清楚、听清楚，信息都转瞬即逝，而且信息的保存、存储成本高，又不方便，需要借助于录音、录像设备，并要人守候操作。网络这种非线性的信息组织方式就避免了上述缺陷，信息存储在网络上，你任何时候去看、去听，它都存在，如果你一次没有看清楚、听明白，还可以重复看、重复听，直到满意为止，完全没有"过了这个村，就没有那个店"的烦恼。信息的保存、存储也方便，而且便宜，也不需要其他专门的设备，一切都在一台计算机上完成，只需你点击几下鼠标，一切就搞定了。

像广告这类商业信息，在广播、电视中如果是在黄金时段播出，能听到、看到的人会很少。大多数有消费能力的人在白天都要忙于自己的事业和工作，不可能听广播、看电视，而当他们在晚上闲下来时，又不可能再看到、听到白天播出的广播、电视广告信息了。即使在黄金时段播出的广播、电视广告，因受到时间的限制，也不可能花很长的时间来详细宣传你的产品，最长的电视广告也不过1分钟左右，短的只有几秒。所以广播、电视广告只能给受众留下一个印象，不能使他们真正了解产品。网络上的广告不同，用户任何时候上网都能与之见面，当需要了解更多信息时，还可以点击广告上的链接，获取产品详细的介绍资料，如果还需要更加深入地了解，可直接发送电子邮件去咨询，并很快得到回复。

随着社会的发展，消费者逐渐走向理性和成熟，凭着对产品简单印象而产生的购买行为会逐渐减少，他们需要对产品进行更为全面地了解，然后再做出理性的消费行动。网络广告将会成为理性消费者最欢迎的一种广告形式。

相对三大传媒来说，网络对受众的要求最高。广播、电视对受众的文化素质基本没有什么要求，只要眼、耳正常的人都可以从中获取信息。对报纸、杂志等以文字为主的传播媒体，要求受众必须能够识字才能看懂其上的信息，其对受众的文化素质要求比广播、电视高一些。而网络对受众的要求就更高，不但要求受众能够识字，还必须掌握计算机的基本操作方法，具备从网上获取信息的基本技能，如果具有较高的英语水平就更好，因为网上的信息以英文表达的占绝大多数。改革开放以来，我国在经济、文化、教育等方面发生了翻天覆地的变化，但由于底子薄、人口多，到目前为止，仍有为数不少的文盲，计算机盲就更多了，所以受众的数量受到文化素质的限制。

从经济的角度上看，网络对受众的经济能力要求也比传统媒体高一些。广播、电视只要求用户购买接收信息的收音机、电视机就可以了，由于信息是免费的，所以就几乎没有其他费用了，即使通过有线电视网收看卫星电视节目，每个月的费用也只有十元左右。网络就不同了，除了要求购置上网的计算机、调制解调器、安装上网线路外，上网获取信息时仍要缴纳网络服务费，如果按照小时计算，每小时的上网费用在二三元左右，对于上网较多的用户来说，少则几十元，多则数百元，这对于收入水平低的工薪阶层，尤其是广大的农村人口来说，这笔上网费用是难以承受的。近年来，各接入服务的网络公司纷纷推出了上网包月服务的方式，包月服务的收费水平在每月 100 元左右，使用户的上网费限制在这个最高水平之内，减小了网络用户的经济压力，在一定程度上促进了网络用户的增长。

第四节　网络广告与传统媒体广告的比较

一、网络广告的优势

（一）网络广告的传播范围广

网络广告是在国际互联网上实施的一种信息传播活动，因此只要有网络用户的地方，广告就能够传达到。互联网是唯一的全球性传播媒体，几乎覆盖了全世界的每一个国家，联合国贸易和发展会议《2003 年电子商务与发展报告》中的数据显示：到 2002 年底，全球的上网用户已经达到 5.91 亿。

（二）网络广告信息容量大，不受时空限制

网络广告采用的是数字化信息存储技术，可以有很大的信息容量，虽然信息呈现的范围只能在一个显示屏幕的范围内，但它可以通过多重链接进行不断扩展，不像报纸、杂志那样受到版面的限制。网络广告也不像广播、电视广告那样按照预定的时间顺序播出，而是你想什么时候播它就什么时候播，选择权、控制权都在网络用户手中，所以打破了时间的限制。

由于网络广告在信息容量上摆脱了时空的限制与约束，它能够充分利用图像、文字、声音、动画等多种信息元素来展现产品的外观、性能以及价格、技术指标等多种对客户有用的信息，甚至可以通过游戏、虚拟现实等技术手段让客户对产品进行虚拟使用体验，并从中获得乐趣。

（三）网络广告即时互动，便于双向沟通

网络广告可以利用网络提供的多种信息互动交流手段实现广告主与客户间的即时互动，方便了客户与厂商间的双向沟通，使他们不觉得是被商家操纵，而是自己掌握着沟通的主动权，可以随时通过网络向商家咨询广告内容，提出自己的要求和建议，获取最新的产品信息等。对于商家来说，可以通过网络提供的互动沟通获取大量的市场信息，收集产品在使用中的效果，客户对产品性能的评价以及建议等。所以，网络广告是一种新型的客户与厂商间即时双向沟通的桥梁和纽带，在与客户建立亲切友好的关系、培养客户对企业的忠诚度及对产品的进一步改进等方面都有积极的作用。

从美国凯西奖最佳网络广告可以看到：网络广告的双向互动沟通功能已被日益重视，评委 Meredith Flynnri pley 说："我认为此次参赛的作品的趋势在于：设计少了几分花哨，更注意引发了一定的反映，并与消费者建立对话。"Mary Low Floyd 说："网页广告更多把重点放在回馈上，比如市场信息。他们从用户那里得到的东西更多了，但同时在内容上，网页也向用户提供了更多的东西。"

（四）网络广告便于检索

网络具有"推""拉"兼并的信息传播方式，在网站的内容页面上发布的广告具有"推"的性质，也就是说在用户打开网页时，网页上的广告信息就"推"给你了，这和传统的广告有相同之处。网络广告也有"拉"式传播功能，当用户主动寻找需要的广告信息时，可以通过搜索引擎网站或各站点上设置的搜索功能找到自己有用的广告信息。像网络分类广告之类的广告信息，完全依赖于"拉"式传播，这种方式的广告完全从满足用户信息需求的角度出发，并为他们获取信息提供方便、快捷的技术手段，受到用户的极大欢迎。

对于传统广告来说，具有如下特点：毫无搜索功能可言，人们平常看报、听广播、看电视时，对广告信息并不在意，即使看到了、听到了，对广告的具体内容也不可能有完整而深刻的记忆，当人们真正需要时，又无从得知广告的具体信息，如销售地点、联系电话等与购买直接相关的重要信息，这使得广告的产品失去了很多消费者。比如，有人找一个英语学习班去学习英语，本来曾在报纸上看到过一些英语培训信息，但因报纸早已扔掉而无法获知联系电话，于是通过上网检索，很快找到了多个英语培训机构的网络广告。选定培训机构后，立即通过广告上提供的电话联系，完成了报名、选班、确定入学时间等事宜，由此可看出检索功能的便宜。

（五）网络广告针对性

网络中的分众传播特征及特有的技术先进性，使得网络广告比传统广告更具有针对性，可以将广告信息有针对性地传达给目标消费人群。我们可以在综合网站的各专栏首页上发布与此相关的网络广告。由于浏览该专栏内容的浏览者就是专栏信息的需求者，只要广告内容与此相符合，就能引起他们的注意，达到较好的广告效果。例如，在新浪网站的汽车栏目内发布汽车及其相关产品的网络广告，比在其他专栏甚至网站首页上发布更为有效，即使该专栏的点击率不如首页高也会如此，因为人们在自己需求的信息页面上停留的时间会更长，广告和他们见面的时间就更长，从而使他们产生更为深刻的记忆。将产品的网络广告投放到与此相关内容的网络信息所在之处来提高点击率的方法很多，比如在提供美容信息的网站上发布美容产品的网络广告，在体育论坛上发布体育用品、体育训练的网络广告等，都会收到较好的广告效果。

邮件广告也可以实现较强的针对性。根据申请邮件的信息表格内容，我们可以按照年龄、性别、职业、爱好、收入状况等进行分类，将网络广告投放到与产品目标消费群特征相符的用户邮箱中。此外，由搜索引擎技术而产生的关键词广告也有很好的针对性，在此不再一一列举。

（六）网络广告费用

网络广告的发布费用是报纸广告的1/5，电视广告的1/8，所以相对传统媒体来说，发布费用是很低的。在制作费用上，由于所要求的设备简单，只需用计算机便可完成；在人力上，只需要广告设计人员和技术人员配合，甚至只需一个综合素质较强的设计人员便可完成。这不像电视广告那样，要求使用昂贵的摄像、编辑设备，还要聘请导演、摄像师、化妆师、灯光师，甚至还要以昂贵的费用去请明星做模特，去外地拍摄外景等，其制作费用很高，很多电视广告都要数十万元的制作费用，甚至上百万元。

二、传统广告的优势

（一）区域内覆盖的人群多、比例大

虽然任何一种传统媒体都不及全球性媒体，但它们在自己覆盖范围内的受众数量众多，占覆盖区域人口的比例也很高。据相关部门发表的统计数据显示，广播的人口覆盖比例在我国已达到88.2%；电视达到89%，电视受众超过了9亿。对于那些不面向全球销售的产品来说，选择在传统媒体上发布广告，在覆盖的人群数量和比例上都具有明显的优势。

（二）获取广告信息简单、方便，无须费用

报纸、杂志类广告信息的获取是最为方便的。时间上是自由的，随你自己的安排而定；在空间上是随意的，只要你愿意，可以在汽车上、飞机上，也可以坐在柔软的沙发上，躺在温暖的被窝里或有光线的地方进行阅读，无须任何设备，只要带上眼睛就足够了。对于广播、电视类广告，在时间上可有严格的限制，过了广告时间就无法获取，但对于信息获取仍十分方便，我们只需打开电视机，选好自己的频道即可，之后不需任何劳作，并且不需承担任何附加费用。

（三）视觉冲击力强，更具感染力

传统媒体的广告表现空间比计算机的屏幕大，加之可以采用真实的环境、真实的产品、真实的人物进行拍摄，比网络广告更具视觉冲击力和感染力。我们常

会在报纸上见到大幅的半版或整版广告，那些拍摄精美的广告图片或是大大的几个标题文字，一下子就抓住了我们的"眼球"。在电视广告中，我们常会见到熟悉的明星面孔，看到她们秀发飘逸的美丽表演，不但吸引住了我们的"眼球"，而且使我们的心灵受到感染，对广告的洗发水功效充满了无限的遐想。

传统媒体都是由政府批准开办和管理的，由于人们对政府的高度信任，所以人们对传统媒体传播的信息都高度信任，包括它所发布的广告信息。事实上，传统媒体上发布广告都有较为严格的管理，广告主要提供一些相关的资料和证明，并经过一系列审批程序才能在媒体上发布广告。相关的广告管理主管部门也对传统广告颁布了较为完善的管理规章，已有了丰富的管理经验。

报纸广告始于 1625 年英国出版的《伦敦周报》，至今已有三百多年的历史，第一条广播广告于 1922 年在美国的第一家广播电台播出，1941 年在美国的一家商业电视台播出了第一则电视广告。由此可知，传统媒体广告都至少经历了几十年的发展历史，涌现出了很多著名的广告设计大师，留下了不少传世佳作。在学术上，传统媒体的广告设计已形成了较为完善的学术体系，总结出了广告创意设计的一般规律和方法，不断地推动着广告设计水平的提高。

传统媒体广告经过多年的发展，已经形成了一个产业，已有一大批优秀的广告设计企业，在这些企业里拥有众多的优秀广告设计专业人才，形成了传统媒体广告设计的专业化队伍。传统媒体广告设计的专业队伍还会得到源源不断地补充和加强，目前国内相关高校培养的广告设计人才大多仍是以传统媒体广告设计为目标，为传统媒体广告的发展提供了人才的保证。

三、网络广告的劣势——人口覆盖率低

网络广告虽然覆盖的地理范围广，但人口覆盖率还较低，从我国的情况看：现在网民数量与电视的 89%、广播的 88.2% 相比，还有数量级的差异。网络用户的增长受到多方面的制约，一是硬件条件带来的限制，因为上网首先需要有计算机和通信线路，目前我国能用得起计算机的家庭还是少数，尤其是广大的农村，拥有计算机的家庭更是少之又少，在很多落后的地方还没有通电话，缺乏上网的必要条件。二是上网对文化素质的较高要求制约了网络用户的增长，广播、电视能有如此广大的受众，是因为它们对受众的文化素质基本没有什么要求，甚至文盲也能听广播、看电视，能从中获取广告信息。网络则不一样，它对广告信息的获取者有较高的文化素质要求，不但要能识字，而且还要掌握计算机使用的基本知识和上网的基本技能，这使得很多具备上网硬件条件的人因文化素质不够而放弃

上网获取广告信息。三是上网费用高，使低收入阶层不能上网。上网和广播、电视不一样，广播、电视只需要购置收音机、电视的费用，对任何节目都不需付费，对受众来说就没有任何花费了。而上网获取信息时，虽然对其信息内容也不需支付任何费用，但要承担通信线路占用费和网络服务费，其总额每月至少要几十元，虽然看起来不多，但对于广大的农村人口以及家庭收入总和才几百元的城市低收入家庭来说，这也是一笔不小的开支，对他们来说还缺乏上网的经济能力。

网络是一个开放式的传播媒体，不像传统媒体那样信息由传播者控制。在网上，信息的接受者也能成为信息的提供者，因此，一些见利忘义之徒，在网上发布虚假广告信息，欺骗网民，牟取暴利，导致了网民对网络广告的真实性产生了怀疑，使网络广告的发展受到了极大的影响。在网上，非法的广告信息充斥着网络广告市场，各种色情交易信息、考试答案购买信息、毒品交易信息等都在网络中广为散布，极大地损坏了网络广告的形象。因此，加强网络广告管理，打击虚假广告和非法广告，净化网络广告市场迫在眉睫，只有这样才能保证网络广告事业的健康发展。

网络广告受到计算机屏幕空间的限制，其展示空间被限定在一个很小的矩形范围之内，对一般的旗帜广告来说，要在这么小的区域内设计出视觉冲击力强，形成能吸引消费者注目的广告创意，其难度之大是可想而知的，更不用说那些小到一个指头那么大的按钮广告了。弹出式广告虽然在尺寸上可以做得更大，甚至可以做出满屏广告，但这种形式严重干扰了网民对网页信息的浏览，遭到了网民的反对，所以这种广告形式的使用受到一定的限制，敢于使用全屏弹出广告的就更少了。毕竟网站要依靠网民的访问才有存在的价值，网络上的选择太多，只要他们对你产生了厌烦，他们就会离你而去，所以网民反感的广告形式是不可过多使用的。

网络带宽的限制也制约了网络广告的表现力，三维动画广告以及像电视广告那样的视频影像在目前的网络带宽下都难以使用，它们的数据量大，需要的下载时间太长。

自1994年10月美国《热线杂志》（Hot wired）在网站上发布第一条网络广告以来，至今也不过十年的历史，与传统媒体广告几十年甚至数百年的发展历史相比，它还显得十分幼稚，其广告的策划、创意水平与人们的要求还有相当大的差距，其至关重要的因素是缺乏专业的网络广告策划、创意人才。目前，我国网络广告的市场总额为10.8亿元，与整个广告市场的1000亿元市值相比只有1%，对于具有较强设计能力和较高创意水平的知名广告企业来说没有什么吸引力，它们几乎不承接网络广告的设计，对网络广告人才的培养也不够重视，使得网络广告人才的成长十分缓慢。在学术界，网络广告至今仍没有引起学者们的高度注意，很少见到关于网络广告的学术论文和学术活动，甚至有些学者仍认为网络广告就是平面广告的计算机显示，或者是一段小动画，没有将网络广告和网络这种先进的传播媒体结合在一起进行深入思考，总结它的创意设计规律和方法，所以在网络广告人才成长的理论支持上也显得不足。在高等院校内，由于师资的缺乏，加之学生就业的压力，目前仍是以培养传统媒体广告人才为目标，网络广告设计在多数美术院校内还没有纳入其教学内容，即使近年毕业的大学生，对网络广告仍是一片空白，高校的人才培养没有跟上网络广告的发展形势。网络广告对其策划、创意人才的综合素质要求，也使得传统媒体广告人才的转型有一定困难，一个优秀的网络广告策划、创意人才，必须具备广告、网络传播、网络广告技术三个方面的综合素质，这比传统媒体广告的要求更高。

四、传统媒体广告的劣势——广告信息容量小

传统媒体广告受到时间和空间的限制，在广告中是以说服消费者为主要目的，使消费者能记住产品，并被广告内容所感染，进而认同产品，产生购买冲动，而不可能在广告中提供产品有关性能、规格、成分含量等具体的信息，这对越来越变得理性的消费者来说是不够的，他们需要更多、更具体的信息来进行同类产品的比较，然后才能做出最终的购买决策。

受技术条件的限制，传统媒体广告在消费者与厂商间的双向沟通功能很弱，只能通过书信、咨询电话等形式进行一些少量的双向交流，这种交流方式要么时间周期长，要么费用很高，所以受到了很大的限制。双向沟通的缺乏，使得企业和消费者之间的关系淡漠，对培养产品的忠实消费者不利，而一旦由于缺乏沟通使消费者产生某些抱怨时，他们还会在周围进行反宣传，从而使产品失去更多的消费者。此外，随着社会的发展，个性化消费者会越来越多，双向沟通功能的缺乏，不可能满足个性化消费者的需求，将会失去大批的消费者。

广告的最终目的是为了销售。传统媒体的广告与销售受技术手段的限制而处于相互分离的状况难以改变，消费者受广告的影响而产生了购买冲动时，他们并不能立即实施消费行为，必须要到产品的销售地点进行选择、下订单、交费等事宜才能完成产品的购买，这种购物方式已经不能满足数字化时代消费者的需求，他们不愿花费如此众多的时间在购物上，因为时间对他们来说已经是金钱、是财富。网络广告可直接与产品销售联系在一起，人们在网络广告的影响下产生了购买欲望时，可以立即通过网络选择自己喜欢的造型、颜色、规格等，并直接通过

网络付费，足不出户就完成了购物的全过程，这是人们期待已久的购物方式，受到广大消费者的欢迎。有关资料表明：在网络发达的美国及北欧诸国中，已有超过 38% 的用户曾进行过在线购物，其中芬兰和卢森堡家庭所购商品已占互联网销售总量的 30%，可见在线购物方式已受到个人消费者的普遍欢迎。随着网络电子商务的发展，会有更多的消费者加入在线购物中来。

传统媒体广告制作和发布的费用都很高，其中又以电视广告为最，拍一条有明星加入的广告少则几十万、多则数百万。电视广告的发布费用更高，中央电视台新闻联播前的广告时段（一年）曾经被竞拍到两亿多元人民币。这种高昂的广告费用无疑会极大地加大产品的成本，使产品的价格大幅升高，而产品价格的大幅升高又对产品销售量的扩大起着阻碍作用。如果花去数额巨大的广告费用之后，又不使产品的价格有大幅上升，那么就必须使销售量扩大到理想的程度才能获得比不做广告更多的利润，否则广告就得不偿失，甚至使企业走向破产的境地。

传统媒体广告虽然目前还占有广告市场的绝大部分市场份额，但受其传播媒体技术落后的影响，发展的速度与网络广告相比处于绝对劣势，传统媒体广告近年的市场增长率为 10% 左右，而网络广告却成倍增长。以我国为例，2002 年网络广告收入为 5 亿元左右，2003 年已达到 10.8 亿元。

受网络的影响，传统媒体的受众流失现象严重，AOL（美国在线）创始人凯茨在几年前的一次"新闻业与互联网"的研讨会上就曾指出：每天从"美国在线"获得他们感兴趣新闻的人，比全美国 11 家顶尖报纸的读者加起来还多；在黄金时间，"美国在线"的读者和 CNN 或者 MTV 的观众一样多。美国 Paragon 研究会的一项调查结果显示，在 1998 年就有 13% 的美国家庭因为上网而退掉了订阅报纸。美国时代公司的一项调查也证实，由于人们忙于上网，18% 的人减少阅读杂志，18% 的人减少读书，11% 的人减少读报，78% 的人少看电视。受众的大量流失，无疑使传统媒体广告的发展受到了限制。

为了挽回流失的受众，报纸、电台、电视台纷纷在网上安家落户，当今有影响的传统媒体大多有自己的网站，希望借助于互联网的技术优势和自己特有的内容优势来维持住自己在传播媒体领域中的地位。传统媒体上网虽然在网上也争夺了部分受众，但从本质意义上讲，传统媒体的网站已经是网络媒体的一部分，它的受众已不再属于实质意义上的传统媒体，而属于网络媒体了。传统媒体上网，形成了传统媒体与网络媒体融合的趋势，随着高速互联网技术的进一步发展，以及人们收入水平的极大提高，传统媒体与网络媒体最终会融合在一起，实现"三网合一"的最终目标。

第三章　新媒体时代下网络广告的设计语言

第一节　网络广告的设计风格

进行网络广告视觉设计时，首先应该考虑的是广告的内容，从广告内容出发进行设计，利用设计元素体现广告内容，使用户能通过直接的视觉感受获取广告的内容信息，实现视觉和内容的对位。只有根据内容进行设计风格的把握才能够设计出合理的网络广告。

在保证视觉与内容对位的前提下，还应对比同类内容的广告设计，使广告在相同内容的众多广告中能够脱颖而出。

一、时尚风格

时尚风格的网络广告通常会使用大字号的字体设计，文字设计趋于扁平化、排版简约、元素整洁不花哨（图 3-1），图像通常以模特作为视觉主体，呈现出报刊和潮流杂志的风格（图 3-2）。在时尚风格的设计中，广告的主视觉图像（通常为模特）的质量是非常重要的，需要有高清的精度和适宜的色彩、景别（图 3-3）才能很好地配合文字的设计。

扁平化设计最核心的地方是：去除冗余的装饰效果，如透视、纹理、渐变等，在设计元素上强调抽象、极简、符号化。让信息内容本身重新作为视觉的核心。

图 3-1　服装品牌广告

图 3-2　服装品牌广告

图 3-3　某服装品牌广告

二、民族风格

民族风格的设计是指能够体现国家和民族文化特色的设计，重点是使用代表性的传统元素、图案、色彩和字体进行设计。在民族风格的网络广告设计中，水墨层次（图 3-4）、书法字（图 3-5）、传统纹样都是常用的设计手段。

图 3-4　水墨层次的网络广告

图 3-5　状元红黄酒广告

图 3-6 是中国传统节日端午节的网络广告，选用了书法字体和印章、祥云等元素，背景增加了水墨风格的远山元素，综合体现了传统节日的文化特点，在字体的选用上采取板正的印刷字体，图像元素则采用了剪纸造型和民间年画色彩，在体现传统节日历史感的同时不失现代感。

图 3-6　中国传统节日端午节的网络广告

三、清新风格

清新风格的网络广告色彩明度相对较高，广告画面相对简洁，清丽透亮。在设计时要注意浅色和自然色的搭配使用，白色背景的设计则更要注重版面元素的排列组合，以免由于画面太白而不完整。图 3-7 和图 3-8 为清新风格的服装广告设计，给人眼前一亮的视觉感受，色彩纯度略低，但明度较高，整体风格依然纯净，在文字的变化和版式的分布上也都采用了柔美轻便的设计手法，体现了干净、柔和、轻松的氛围。

图 3-7　清新风格的服装广告设计　　　　图 3-8　衬衫销售专题广告

四、炫酷风格

炫酷风格的视觉效果非常丰富，画面层次多、色彩种类多、视觉冲击力强。这种风格通常选用深渐变色背景，版面元素的质感和光影效果运用频繁。

图 3-9 背景光效和文字金属质感、高光质感都渲染了画面氛围，炫酷的空间和层次让用户见到广告便有进入游戏的身临其境之感。

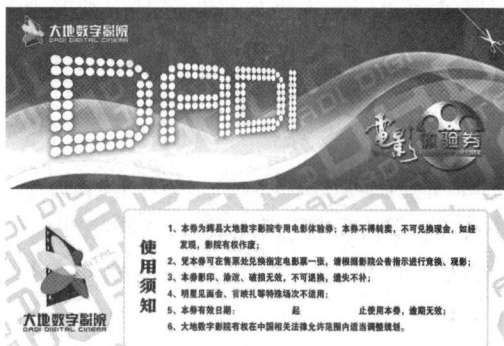

图 3-9　电影票团购广告

通常炫酷风格的设计会选用真实的人物和实物图像作为素材，而图 3-10、图 3-11 则使用了较多的图形元素，气球、彩带、镜头、波浪线等元素在背景映衬下显得丰富和抢眼，传递出炫酷的充实感，让用户对广告内容产生期待和购买欲。

图 3-10　炫酷风格广告

图 3-11　炫酷风格广告

五、简约风格

简约风格的特点是极简主义，广告版面通常只有文字和图像，不使用光影效果，没有太多的层次，通过极简的设计给文字和图像留出大的空间，这样的空间会使主体更加突出。通常这样的设计会让人误以为简单、容易实现，其实简约风格的设计对于文字的排列和位置有着更高的要求，图像的质感和精度也更需要讲究和设计，如果简约风格的图像不清晰美观，没有很好的视觉效果，那么整个画面也会失去看点，成为失败的设计。

六、卡通风格

卡通风格的设计在儿童产品主题的网络广告中使用较多，但卡通并不是只属于儿童的风格，卡通风格可以让广告更有亲和力和趣味性，易于表达健康、积极、欢快的主题内容。卡通形象的出现会让网站的广告更加连贯，更具标志性，如图3-12、图3-13、图3-14。

图 3-12　卡通风格的广告

图 3-13　卡通风格的广告

图 3-14　卡通风格的广告

第二节　网络广告版式设计原则

网络广告的版式设计有一定的特殊性，计算机、手机等终端设备决定了它的尺寸是相对有限的，在有限的范围内更快的吸引用户的注意，从而产生点击的行为是网络广告的直接目的。在广告版面中将文字、图片、图形等可视化信息元素调整位置、大小，使版面达到美观的视觉效果，更便于阅读和获取重要信息是网络广告设计成败的衡量标准。

一、对齐原则

网络广告中涉及的相关的内容需要进行分析和规划，把相关内容的信息对齐，能够方便用户视线快速移动，更易于捕获最重要的信息。对于广告文字而言，这一点尤其重要。

图 3-15　对齐原则广告

图 3-15 采用了居中对齐的方式，用户在阅读时能够清楚地获得广告的内容、活动时间、品牌等信息。

图 3-16　对齐原则广告

图 3-16 都采用了左对齐的方式，将文字信息进行有序排列，使版面丰富而有序。

图 3-17　对齐原则广告

图 3-17 的文字分为若干个模块，在排列时根据模块进行了对齐，使版面规范而富有变化。

二、聚拢原则

聚拢原则是最为实用的排版原则,简单来说,就是将内容分成几组,相关内容都聚集在一个组中,再将不同的组进行组合。聚拢原则有利于优化版面结构、丰富层次,更好地突出主要信息。网络广告中的元素包括文字、图形、图像,在运用聚拢原则时应重点注意不同层级文字之间的关系,还应注意文字组与图像、图形之间的距离。如图 3-18 和图 3-19 展示了网幅广告中的聚拢原则运用。

图 3-18 聚拢原则在家装活动广告中的应用

图 3-19 聚拢原则在广告中的应用

三、留白原则

网络广告的版面大小是有限的,如果将很多的元素和想法表达在一个画面里,通常会由于缺少空间而又乱、又花。因此,在排版时不能排得密密麻麻,需要留出一些空间来突出重点内容。既有空间又有集中的内容才能更好地引导读者的视线，版面才能够舒展和透气，如图 3-20、图 3-21 和图 3-22。

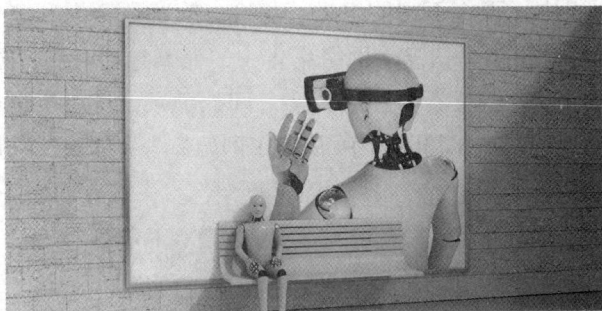

图 3-20　留白原则的广告

图 3-21　留白原则的广告

图 3-22　留白原则的广告

在版式设计中，几个原则都是相辅相成的，聚拢不够导致画面空间不足，显得太过拥挤，不利于阅读；而网幅广告的空间保留较好，文字、图像、背景的层次感也有很好的体现。

四、降噪原则

一份好的网络广告应当重点突出，层次分明，带给用户顺畅的阅读体验和强烈的点击欲望，如果颜色、字体种类、图形过多过烦琐，又缺乏有序的组织，整个版面就会凌乱烦琐，多余的元素都成为分散用户注意力的"噪音"。图3-23的理财产品广告采用卡通动物作为视觉元素，版面看起来丰富但不凌乱，背景飘起来的纸币形象并没有用真实的纸币图像来表现，而是用色块代替，与整体的风格相统一。

图 3-23　网易理财广告

减少字体种类、减少色彩种类、改变透明度、虚化图像等都是为版面降噪的方法，在进行效果和氛围设计的时候要从整体考虑，而不是为了突出某一效果忽略版面的统一，导致突兀和杂乱。

降噪原则不可以理解为简单化的版面处理，虽然版面中的嘈杂元素减少了，但主体的元素要更加突出、清晰、丰富才能产生广告的看点，广告语等文字信息也要进行仔细地斟酌和排列。

五、重复原则

重复原则的运用能够帮助设计师合理安排版面，让版面具有形式感和统一性。在进行不同内容的组合时，运用同样的图形元素会增强版面的连贯性，如图3-24所示，运用了统一的圆角矩形作为小模块元素，重复四次，模块内部的变化又让版面显得丰富。

重复原则不仅仅是指元素的重复，也包括形式的重复。重复的图像元素会使版面时尚和丰富，重复对象的排列组合方式也会让画面产生形式感，如图 3-24 所示。

图 3-24　香奈儿微信端原生广告

一个元素重复若干次就会形成一种规模，这种规模能够为版面带来形式感，但重复运用元素时候要注意在重复中应富有变化。

六、对比原则

元素大小均一、色彩对比差异弱、质感对比不明显都会导致版面没有节奏感。加大不同元素的视觉差异，能够有效突出视觉重点，增强画面的节奏感和层次，并便于用户浏览到重要的信息。常用的对比原则包括色彩对比、比例对比、虚实对比等。

图 3-25 左图的广告语及说明文字与背景色的对比较弱，使信息不够明确，识别有一定的障碍；右图是修改后的设计，增强的对比度让版面元素更加清晰，文字更突出，方便用户的阅读。

图 3-26 的文字和背景图片体现了虚实对比，文字设计识别度高、突出于背景并有三维视觉效果，背景上模糊的建筑物更加突出了前景文字。虚实对比的优势在于突出主体的同时不扰乱版面，同时能够丰富版面的层次。

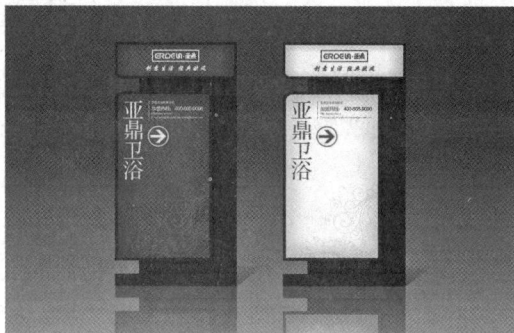

图 3-25 对比原则广告

图 3-26 1号店商城手表品牌广告

第三节 网络广告文字设计

字体设计随着时代和科学技术的进步而不断地变化着，被广泛应用于网络生活的各个方面。要设计出好的网络广告作品，仅仅从计算机里调用标准字体已经不能满足要求。网络广告字体设计要求设计师根据广告主的不同需求、不同的广告内容、不同的广告环境去捕捉字体的应用，文字的设计是否能增加商品或活动的吸引力是衡量字体设计的标准。好的设计师既能很好地针对内容和版式的需要选择字体，又能对字体进行设计安排与控制。

网络广告的文案大致分为以下组成部分——标题：通常是大字号的短语、短句，目的是引起读者的注意，进一步阅读更多内容；副标题：对标题进行辅助说明或界定；商品名、品牌标志；标语口号；正文内容。合理的文字层级编排能够让网络广告更容易被消费者获取、点击。

文字是网络广告的重要构成要素，网络广告需要在较短的时间内脱颖而出，获得广告效果，这需要网络广告能够快速、准确、有效地传递广告信息，文字无疑是最有效的方式。另外，网幅广告版面尺寸较小，醒目的文字在版面中占据了较大面积，因此设计好广告文字就成了决定网幅广告设计成败的重要因素。

一、字体选择

众多色彩斑斓的网络广告中，文字设计也是千姿百态的，各种字形、效果的运用让初学设计的人应接不暇，因此往往会过度重视效果、色彩、层次这些辅助要素，对于最基本的问题反而忽略了。在任何设计中，文字设计必须清晰易读，这也是网络广告文字必须要做到的。如果文字不易于识别、不够清晰、阅读不畅，做再多的效果也是徒劳。

在网络广告中，作为广告语的文字通常需要选择醒目、厚重、易识别的字体。

如：黑体、标宋、综艺体等。这里针对不同字库列出一些常用的适合做广告标题的字体供读者参考：方正黑体系列（大黑、粗黑、超粗黑、正大黑）、方正综艺体、长城综艺体、汉仪大宋、汉仪黑体（粗黑）、蒙纳简版黑字体、蒙纳简雅丽字体、蒙纳超刚黑、造字工房系列字体（版黑、劲黑、力黑、悦圆）等。

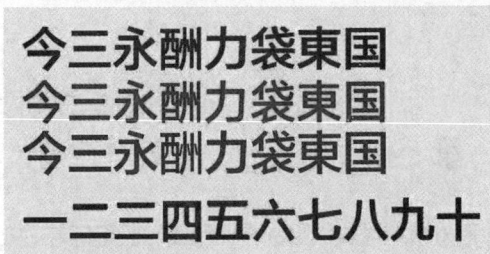

图 3-27 方正、汉仪系列字体示意

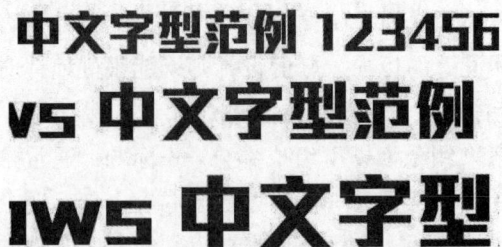

图 3-28 蒙纳、长城系列字体示意

二、文字变形

文字变形是网络广告设计中常用的设计手段，得体的文字变形能够更好地传递广告的内容信息，增强广告的视觉冲击力，提升广告的趣味性。文字变形要首先选好合适的变形的原始字体，再根据字形和广告内容进行适当的变形，这一个小小的举动可以让广告增色不少，起到事半功倍的效果。随着网络广告覆盖面的增大，越来越多的用户也开始关注文字设计，高标准的文字设计成为网络广告设计成败的关键。

在字体变形上要注意笔画的末端或起笔是最利于变形的文字部位，在变形时要把文案当作一个整体去设计和衡量，这样能够保证字体的统一性，不至于因为过度变形而丧失识别性。在网络广告中进行文字变形之后字形本身要有美感，文字的笔画有一定的规律可循，不可太过突兀，也不可以为了变形而变形，导致变形过度，影响了文字的可读性和清晰度（图 3-29、图 3-30）。

图 3-29 双十一购物节广告

图 3-30　巴厘岛旅游广告

三、文字角度

在进行网络广告文字设计时，经常会根据版面和内容需求对文字的角度进行调整，横平竖直的文字并不能满足每一种情况的需要。最便捷的文字角度变化包括倾斜、斜切，这样的变化会使版面活泼和动感。如图 3-31 的所有文字均进行了倾斜处理，文字的倾斜带来了版面的倾斜，这种倾斜设计使广告画面具有了动感和活力。图 3-32 的文字进行了斜切处理，在保持纵向笔画与水平线垂直的基础上进行了横向倾斜，这是一种常见的表现手法。文字的角度配合透视的变化能给整个版面创造出空间感。

图 3-31　文字倾斜处理广告

图 3-32　文字斜切处理广告

四、文字的质感

（一）立体字设计

立体字是网络广告设计的常用手段，立体字能够强烈地突出文字，拉开版面层次。值得注意的是，立体字设计通常用在主广告语中，在立体字设计时不能忽略文字的可读性。利用好平面设计软件即可以制作出各种效果的立体文字，在立体文字的字形基础上进行效果渲染。为文字赋予材质感能够更好地提升文字效果，如金属、水晶等质感（图 3-33）。

图 3-33　促销广告

（二）情景文字设计

根据广告内容将广告环境进行设计，同时为文字赋予相应的质感，能够体现出广告的情景感，拉近与用户之间的距离，并带给用户亲切感，产生情感共鸣。

例如毛笔字、粉笔字、手写字等文字效果。图 3-34 的广告标题文字使用了毛笔字效果，并进行了虚实层次的质感设计，与主图形相得益彰；图 3-35 的文字配合版面元素形成了电影质感的画面氛围，突出了主题。

图 3-34　开业广告

图 3-35　电影宣传广告

五、文字的层次编排

网络广告的文字虽然不多，但信息层级有主有次。合理进行文字的层次编排能够更好地突出文字的主要信息，文字之间的排列组合变化也可以让版面更加丰富。

（一）大小和颜色的编排

将文字进行拆分，然后进行字号和字色的变化组合，通过改变文字的大小和色彩达到强调、突出的目的。在广告文案中经常有数字的出现，数字与文字的面积对比能够带来强烈、醒目的宣传效果，消费者更易于记住广告中的重要信息，数字的优化设计有时能决定一个广告的成败。

图 3-36　喜马拉雅 APP 引导页广告

（二）排列组合的编排

广告文案虽然较短小，但也蕴含着丰富的含义，在网络广告文案中除了广告标题还有其他广告语、说明文字、购买按钮等。如何进行文字的断句、排列、组合决定了能否准确地传达广告信息。将文字进行拆分，突出重点内容，将辅助内容与重点内容进行排列组合形成新的整体（图 3-37）。

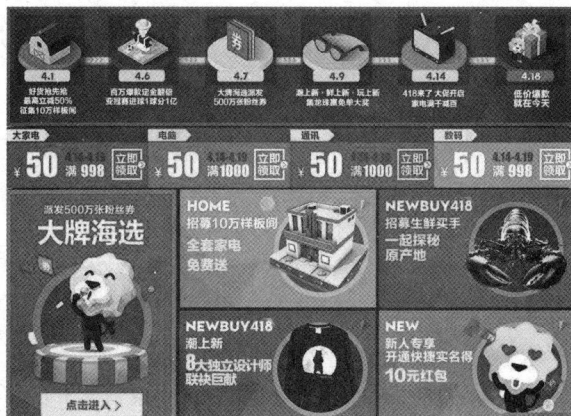

图 3-37　苏宁易购电子产品专题广告

（三）不同字体之间的编排

不同字体的使用能够让版面变得更加灵活和丰富，在选择字体时还应该注意字号与字体之间的配合，粗重的标题字体是不适合用来作为辅助信息文字的（图3-38的小文字应用了粗体，不适宜阅读），任何排列组合的设计都不应该影响到可读性。通常一个版面中不能超过三种字体，否则会显得凌乱和无序。

图 3-38　促销广告

（四）中英文字体的混搭

很多中国的设计师认为，英文字与汉字相比显得更"洋气"，这是因为英文不是我们的母语，它是作为一种符号存在于我们的印象中，作为图形元素出现的。在设计网络广告时可以适当加入英文调节版面，同时需要注意，网络广告设计是面向客户的实用设计，保证多数人快速方便地阅读是它的主要目的之一，因此在使用英文的同时必须首先保证用户本土语言的有效传播，将英文字体作为背景或辅助文字信息处理是较为得体的处理方法（图3-39、图3-40）。

图 3-39　中英文混搭广告设计

图 3-40　中英文混搭广告设计

第四节　网络广告色彩设计

色彩在广告中具有独特的语言，色彩与人的情感息息相关。好的色彩运用能在广告中起到认知识别、情感象征以及信息传达的作用。

调查表明，7 秒即可决定人对某一事物或人物的第一印象，后续交往则是潜意识不断验证和加深这种印象。在这短短 7 秒内色彩的决定因素为 67%。运用色彩理论进行产品营销的成功案例比比皆是，如加多宝、麦当劳的红黄色。尽管有许多因素影响着消费者的购买行为，但其中最具价值和说服力的却是视觉冲击力，特别是色彩因素。

一、色彩三要素

色彩三要素是指色彩可用色相、饱和度（纯度）和明度来描述。人眼看到的任一彩色都是这三个特性的综合效果，这三个特性即是色彩的三要素，其中色相与光波的波长有直接关系，亮度和饱和度与光波的幅度有关。

（一）色相

色彩是由于物体上的物理性的光反射到人眼视神经上所产生的感觉。色的不同是由光的波长的长短差别所决定的。作为色相，指的是这些不同波长的色的情况。波长最长的是红色，最短的是紫色。把红、橙、黄、绿、蓝、紫和处在它们各自之间的红橙、黄橙、黄绿、蓝绿、蓝紫、红紫这 6 种中间色——共计 12 种色作为色相环。在色相环上排列的色是纯度高的色，被称为纯色。这些色在环上的位置是根据视觉和感觉的相等间隔来进行安排的，用类似这样的方法还可以再分出有细微差别的多种色来。在色相环上，与环中心对称，并在 180°的位置两端的色被称为互补色。

（二）明度

表示色所具有的亮度和暗度被称为明度。计算明度的基准是灰度测试卡。黑色为 0，白色为 10，在 0 ~ 10 之间等间隔的排列为 9 个阶段。色彩可以分为有彩色和无彩色，但后者仍然存在着明度。作为有彩色，每种色各自的亮度、暗度在灰度测试卡上都具有相应的位置值。彩度高的色对明度有很大的影响，不太容易辨别。在明亮的地方鉴别色的明度比较容易，在暗的地方难以鉴别。

（三）饱和度

用数值表示色的鲜艳或鲜明的程度称之为饱和度，又称彩度。有彩色的各种色都具有彩度值，无彩色的色的彩度值为 0，对于有彩色的色的彩度（纯度）的高低，区别方法是根据这种色中含灰色的程度来计算的。彩度由于色相的不同而不同，而且即使是相同的色相，因为明度的不同，彩度也会随之变化。

图 3-41　蓝色的饱和度变化

图 3-42　红色的饱和度变化

二、色相在网络广告中的运用

色相就是色彩的相貌，是指色彩的冷暖倾向。在进行网络广告设计时，可以根据广告内容选择不同色相的色彩体系。

（一）对比色的运用

冷暖搭配得体的广告版面会显得活泼、律动、丰富，适合表现时尚题材的广告内容。在一个版面中，冷暖对比色运用越多，版面就越碰撞。

在运用对比色时要注意色彩的面积，不同的色彩在不同面积下的对比效果是不同的。在色相环上相邻的色彩色相差最小，相距越远的色彩色相差越大，位于色相环对角线两端的色彩是补色，色相差最大。图 3-43 用了红蓝的对比，在强烈的色彩对比下突出了时尚的产品内容。在使用多个对比色时要注意在对比和碰撞的色彩中寻找统一的氛围。（图 3-43、图 3-44）

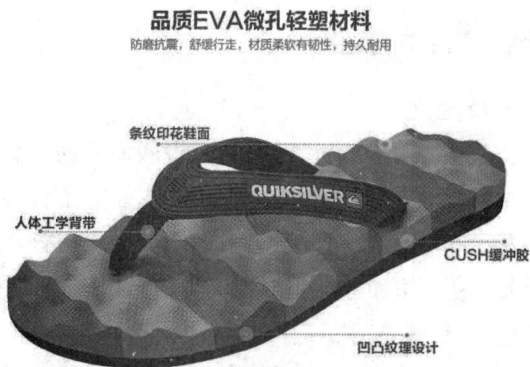

图 3-43　人字拖热销广告

图 3-44　网球拍广告

（二）邻近色的运用

邻近色是色相环上相邻的色彩，邻近色的色相差小，在网络广告中运用邻近色有助于形成统一的页面氛围，在统一之中仍然能够包含较多的色彩层次。如图3-45中红、橙、黄色彩的运用，形成了温馨、统一的色彩氛围。

图 3-45　麦当劳广告

三、明度在网络广告中的运用

（一）高明度色的运用

高明度的色彩搭配会产生明快、干净的广告版面，通常食品、护肤品广告使用高明度色彩的情况较多。高明度色作为版面的主体并不代表着整个版面的元素都是浅的、亮的色彩，个别元素如文字、徽标图形等仍应该深一些，拉开明度层次，只有黑白灰层次丰富的版面才能很好地突出信息层级。

（二）低明度色的运用

低明度的色彩搭配显得神秘、深邃，在运动和科技相关的网络广告中较为常用。值得注意的是低明度色彩氛围的网络广告中需要有醒目的高明度色彩进行点缀。由于广告语需要在广告中突出出来，所以通常广告语部分就是低明度广告氛围中的高明度色彩元素。

（三）明度层级对比

在相同色相和纯度的情况下调整版面中图像、图形、背景之间的明度有利于增加版面的层次，让版面变得丰富、有看点。

四、饱和度在网络广告中的运用

（一）高饱和度色的运用

惯用的高饱和度网页色彩包括：粉色、黄色、橘红、绿色。网络广告的载体是各种显示设备，而不是印刷载体，这决定了网络广告的色彩模式是 RGB 加色模式，比印刷媒体的广告能够承载更多鲜艳的高纯度色彩。网络广告自身的传播特性决定了它要在最短的时间吸引用户的注意，而高纯度的色彩是最为跳跃、最具视觉冲击力的，因此高纯度色彩是网络广告中的常用色彩（图 3-46）。

图 3-46　苏宁易购广告

高纯度色彩虽容易吸引用户，但如果长时间在高纯度模式下进行浏览也会导致视觉疲劳，因此高纯度色彩要和低纯度色彩结合使用。

（二）低饱和度色的运用

低纯度色的应用能够提升广告的品质感，通常与艺术、音乐、文学相关的广告题材会使用低纯度色调。如果说高纯度色是跳跃、年轻、时尚的色彩，低纯度色则更沉稳、低调、和谐。低纯度色彩在体现产品的品质感上有着很好的作用，在许多消费者的观念里，低纯度色彩象征着高品质、高价位。

图 3-47　聚美优品免税店广告

图 3-48　奔驰汽车广告

低纯度色也通常与高纯度色搭配使用，这样可以降低高纯度色版面中的燥气；在大面积低纯度色版面中加以高纯度色的点缀，可以让版面稳重而不失活泼。

五、网络广告常用配色案例

网络广告中有一些常用的配色习惯，对于掌握色彩、应用色彩有很大的帮助。在每一个常用配色中都包含着无限种可能，因为每一种配色方案中的色彩都不是唯一的，它们会因明度、纯度、色相的不同而产生差别，需要我们在设计过程中细致的体会、反复的尝试。

（一）红与黄

红黄搭配适合表现欢快、喜庆的主题，适合表现促销、打折信息。这里所指的红黄是泛指，在实际的广告设计中，红与黄的色彩种类不计其数，需要根据具体的广告内容、版面元素进行色彩设计和选择。

（二）黄与紫

黄色和紫色是色相环中对比最强烈的有彩色之一，它们的配合能让版面更加醒目、跳跃。对这两种色彩进行降低饱和度的处理，也能够构成舒适的画面氛围。

（三）蓝与黄

蓝色冷静而稳健，黄色轻快、跳跃，蓝与黄的色彩搭配能够产生丰富又相对柔和的画面。

（四）黄与绿

黄色和绿色的配合跳跃度高，能够让广告在大面积的网幅广告中脱颖而出，是网络广告中的常用配色。

（五）灰与高纯度色

无彩度的纯灰色或低饱和度的灰褐色与高饱和度的鲜艳色彩搭配能够体现产品优质、精细、高贵、另类的特点。

第四章　新媒体时代下的网络广告设计内容

第一节　网络广告创意设计

网络广告设计既包含传统媒体广告设计的基本理论和知识，也有自己独特的表现手段和方法。在设计上，以传统媒体广告创意理论为指导，在表现上充分发挥网络的多媒体特点以及超链接、双向互动等网络特有的表现魅力，突出网络广告的个性和特点。

一、广告创意的含义

大卫·奥格威曾经指出："要吸引消费者的注意力，同时让他们来买你的产品，非要有很好的特点不行，除非你的广告有很好的点子，不然它就像很快被黑夜吞噬的船只。"奥格威所说的"点子"就是广告创意的意思。广告创意是广告人对广告创作对象进行想象、加工、组合和创造而产生的观念性的新颖文化构思以及创新的意念或系统，使商品潜在的特质升华为消费者能感受到的具象，并抓住消费者的注意力，使之产生兴趣，最后说服消费者采取购买行动。

广告创意是针对广告创作对象的创造性思维活动，解决广告设计中"怎么说"的问题。创意以产品的特质为基础，以产品的目标消费人群为诉求对象，帮助消费者发现需要，满足他们的心理需求和情感需求，使他们形成对广告产品的偏好印象，并说服他们购买产品。现代广告设计观念已经从过去的以产品为中心转移到了以消费者为中心，广告创意要从关心消费者、服务于消费者的角度出发，而不是直接去渲染产品本身性能如何好，价格如何低，企业资金如何雄厚等，应以满足消费者需求来表达创意。例如，某面巾纸生产企业发现很多消费者在公共场合使用质量低劣的面巾纸后，满脸都是面巾纸屑，使消费者十分尴尬，很失体面，按我们平常的说法就是丢"面子"，于是在为自己生产的高质量面巾纸做广告时，通过"面纸"和"面子"的联想，形成了"拣面子"想法，从而产生购买面巾纸时更要注意"面子"的广告创意。这种关心消费者的广告创意，很容易被消费者接受，并形成对品牌的良好印象，从而使他们成为产品的忠实消费者。

二、广告创意在广告中的作用

广告是一种传播活动，那么传播的效果如何呢？其传达的信息是否被消费者接受，并打动了他们呢？这是广告设计所要关心的首要问题。在影响广告传播效果的诸多因素中，广告的创意是广告的灵魂，是沟通广告信息与消费者的桥梁，是广告设计创作的核心。广告创意担当着"怎么说"才能打动消费者并让他们去购买的重任，这是广告的中心任务和目标。大卫·奥格威曾经指出："如果广告活动不是由伟大的创意构成，那它不过是二流品而已。"由此可见，没有好创意的广告，不可能成为优秀的广告，可以说没有广告创意就没有广告创作。

三、广告创意要策略为先

在广告活动中，广告策略属于战略的范畴，是整个广告活动的总纲，而广告创意则属于战术的范畴，它必须服从于广告策略的要求。在广告策略阶段，首先要对市场进行调研，并结合自己的产品对市场资料进行认真分析，还要对竞争对手的产品状况、广告策略进行认真地研究，看看他们做了些什么，效果怎么样，下一步会采用什么样的策略。通过这样的分析，找到自己产品在市场中的机会点，再从机会点出发，确定自己的目标市场，包括目标市场的地理位置、行业、社会阶层、文化程度、年龄特征等。在确定了目标消费人群之后，解决了"对谁说"的问题。为了解决"说什么"的问题，还必须对目标消费人群做进一步的分析，了解他们关心什么、喜欢什么、容易接受什么，以及需要什么、注重什么等。

广告创意是在广告策略的基础上，根据其不同阶段的广告目的所确定的"对谁说""说什么"来解决"怎么说"的问题。有人说广告创意是戴着枷锁的舞蹈，这是十分贴切的，它不是毫无目的的标新立异，而是要符合广告目的和任务的、能体现产品潜质的、充满情感的、能被消费者接受并喜爱的创新意念。例如，在李光斗创作的《小霸王学习机·望子成龙》电视广告片中，其广告的目的是建立起小霸王学习机的消费理由，广告的任务是让成龙与小霸王学习产品利益点自然融合起来。由于成龙是香港著名的武打明星，广告采用了"想当年我是用拳头来打天下，如今这电脑时代，我儿子要用小霸王打天下"的创意思路，形成望子成龙小霸王的广告创意。这一广告的推出，使很多家长明确了学习电脑对孩子今后的重要性，纷纷为孩子购买小霸王学习机，希望自己的孩子长大后能成才，使家长望子成龙的心情得到了满足。由于该广告被广大消费者接受，其市场表现如虎添翼，1995 年的月销售额就达到了一亿元人民币。

四、好广告创意的特征

人们在接受广告信息时，往往处于不专注的状态，他们不可能像研读学术论文一样来认真体味你的广告创意，所以你的广告创意越复杂，就越难被消费者理解，而简单的广告创意易被消费者接受和记忆。例如，在一则麦当劳的广告中，当小孩见到麦当劳的标志时就笑，而看不见该标志时就哭，其创意十分简单，但使受众记忆深刻。

创新是广告创意的灵魂。只有具有独创性的广告创意，才能引起消费者的注意，才能在他们的头脑中留下独特的印象；只有具有独创性的广告创意，才能使你的广告在众多同类产品的广告中突显出来，而不是被它们所淹没；只有具有独创性的广告创意，才能引发消费者的好奇心，增强产品对他们的吸引力。例如，在保健品市场中，脑白金的广告创意就独树一帜，它在广告中向消费者传达的不是保健品，而是以礼品的概念向消费者表达，既给消费者建立了购买的理由，又使自己的广告与众不同，极大地吸引了消费者的注意。如今，"今年爸妈不收礼，收礼就收脑白金"的广告创意已经深入千家万户，在消费者的头脑中深深扎根。

生动有趣的广告创意能将消费者带到一个妙趣横生、难以忘怀的境界中去，观看广告之后都能心领神会，既给消费者带来了愉悦的心情，也使你的广告在他们头脑中产生了深深的印记。例如，LYCOS 亚洲公司曾在亚洲地区为 Canon 彩色打印全面推出设计了一个非常有趣的网络广告，当用户登录 LYCOSASIA 在亚洲各地的网站首页时，首先看到的是一个失去真彩色的页面，当用户点击页面上闪动的唯一彩色部分——"点击 Canon，给你彩色世界"的旗帜广告后，整个页面自上而下逐渐变回原来的颜色，同时跳出一个新窗口，窗口中一行显眼的文字——欢迎进入 Canon 彩色世界。这样的广告能给消费者带来乐趣，并且非常准确地表达了产品的特质，使消费者产生丰富的联想。

一个震撼力强的广告创意，能产生强烈的刺激和说服效果，引起消费者强烈的共鸣，从而感染他们，说服他们去购买你的产品。例如，在最近播出的一则"兰美抒"电视广告中，"兰美抒"瘦小的身躯与身材庞大的"脚气真菌"在擂台上进行搏斗，没用几个回合，瘦小的"兰美抒"凭着自己高超的功夫，就一举将庞大的"脚气真菌"击倒，最后推出"兰美抒身材小威力大"的广告词。在这则广告中，"兰美抒"的英勇善战和好功夫及面对强敌而无畏的精神对消费者产生了强烈的震撼力，对"兰美抒"治疗脚气的功效坚定了信心，自然会引发消费者的购买行动。

贴切是指广告创意与其所宣传的产品在逻辑上有关联性，而不是离开产品的特质来进行创意。如果不以产品为出发点来进行广告创意，那么你的广告就会使消费者感到荒诞或不可思议，甚至对产品形成不可信任的印象。这样，广告就适得其反了。

国内著名广告策划人李光斗在他的《解密创意》一书中写道："广告要永远做时尚的弄潮儿，追赶时髦、引导潮流，甚至制造流行、创造时尚来进行传播，否则如何引导消费？"他在这本书中把青春时尚元素作为一种吸引消费者的重要元素之一进行了详细地论述，他说："我们正处于一个娱乐经济的时代，在娱乐经济的概念中，企业的品牌战略之一就是要充分利用人类的模仿欲，大规模地制造流行、引领时尚、创造消费风气、引起跟风消费现象，这在商品生命周期渐趋缩短的今天显得尤为重要，每一种商品都要力争成为偶像商品。"由此可见，在广告创意中，时尚性是极为重要的。在当今社会中，追求时尚已经成为表现自己不落伍的标志，尤其是年轻一代的消费者，他们把追求时尚作为他们生活的重要内容之一，当露脐装广为流行成为时尚标志时，你会看见满街的女孩都穿着它。也许从美的角度看，对许多女孩并不合适，但他们追求的是时尚，由此足见时尚对引导消费的魅力。

说起广告创意可以制造流行，很容易使人想起多年前的呼啦圈广告。当时，呼啦圈在国内还从来没有出现过，为了制造流行，生产厂家在中央电视台进行了多种形式的广告宣传，将呼啦圈随着腰部扭动而不断旋转产生的美感表现得淋漓尽致，在不到一个月的时间里，全国各地广为流行，几乎达到年轻人和小孩每人一个。为了同时玩多个圈，有的甚至一人就购买几个，各地的销售商纷纷告急，所有库存已被抢购一空。这个流行的广告，无疑给企业带来了巨额的利润。

五、广告创意常用方法——头脑风暴

头脑风暴法又称为"智力激荡法"，是奥斯本（Alex Osben）1938 年任 BBDO 公司副经理时创造的方法。该方法借助于会议的形式，使与会人员充分发挥个人的想象力，并相互启迪、相互补充、相互激励而催生出广告创意。几十年来，这种方法被广告公司普遍采用，它的主要特点是充分发挥了集体的智慧。在头脑风暴法的会议上，作为会议的主持人，其重要的任务是调动每一个参会者的情绪，使他们的大脑处于一种自由奔放的状态，把他们的想象力激发到最活跃的水平，鼓励他们提出尽可能多的想法。为了能真正使每个人的想象力自由地发挥，让他们把每一个想法都说出来，除了制造活跃的会议气氛外，还应该做到如下几点：其一在会议上禁止提出批评和反对意见，一方面这是保证个人积极发言的有力措施，另一方面也不会因双方的争论而影响他人的思考；其二是对与会者提出的任何一种创意都要给予鼓励，这有利于他们把每一个想法都尽量快地讲出来，而不去顾忌自己的想法是否幼稚或不成熟；其三是欢迎在别人创意的基础上进行补充、改进，使创意更加完善和明晰，甚至引发出新的创意。

通过头脑风暴法可能得到了多种创意思路，最后必须根据广告策略制定的广告目的以及产品的特点、市场状况、目标消费群的特征等进行精心挑选，确定出最终采用的广告创意思路。

逆向思维法按照常规的思路进行反推，形成新的创意理念。例如，衣服脏了需要洗，那么不洗衣服又会怎样呢？——你的女朋友认为你不修边幅而与你分手，于是形成新的创意理念"干干净净锁住爱情"。在第五届金手指网络广告获奖作品中，罗氏力度申抗感冒泡腾片发布的链接广告就采用了逆向思维的广告创意。广告投放时正值流行感冒暴发高峰期，全民对抗感冒药的关注度提升，广告针对工作压力较大的白领上班族，采用逆向思维的方法，提出了"当心感冒炒你鱿鱼"的创意，使广告获得了成功。很明显，正向思维是：服药可预防感冒。逆向思维是：不服用抗感冒药—被流感传染—影响工作—被炒鱿鱼。

联想就是把看似不相关的两个事物，通过创意人员把它们串联、组合在一起而产生出一个新的意义，使人们惊奇地发现它们之间的内在关系。例如，在一则"鲜鸡蛋"的广告中，画面上的稻草丛中有一堆鸡蛋，其中有一个鸡蛋的壳已破碎，蛋清蛋黄摊在地上，旁边有一对清晰的鸡爪印。破碎的鸡蛋和鸡爪印看似与鸡蛋的"鲜"毫无内在联系，但是在画面中将一堆鸡蛋、一个破碎鸡蛋以及一对鸡爪印组合在一起，使人们联想到一只母鸡刚生完蛋蹒跚而去时，因笨手笨脚而踩碎一个鸡蛋，致使流出的蛋液粘在了脚上，因而留下了清晰的鸡爪印，由此衬托出了鸡蛋之"鲜"。

所谓换位思考法，就是广告创意人员站在消费者的角度来思考问题，从而形成广告创意。例如，在最近播放的一则脑白金广告中，采用了类似新闻采访的手法，对几位购买脑白金的消费者进行了购买原因的调查，第一位消费者说："中央电视台天天播放，脑白金名气大，送礼送它有面子"；第二位说："送烟酒已过时，现在流行送健康";第三位说:"别人买,我也买";第四位说:"女婿送的脑白金里有金砖"。这则广告站在消费者的角度对消费的理由以及利益诉求都进行了完美的传达,加之以消费者说话的形式使其具有更强的说服力。

(一)李奥·贝纳的固有刺激法

李奥·贝纳早年在美国芝加哥的欧文广告公司任职,1935年离开欧文广告公司,创办了自己的李奥·贝纳广告公司,以其特有的广告哲学而闻名。李奥·贝纳认为,广告创意重要的任务是把产品本身固有的刺激发掘出来并加以利用。这种创意的关键之处是要找到企业生产这种产品的原因,以及消费者购买这种产品的原因。以产品的创意为出发点,在消费者心中寻找兴趣点,并以此刺激消费者的购买欲望。

(二)罗瑟·瑞夫斯的独特销售主张

罗瑟·瑞夫斯曾经是弗吉尼亚银行的一个文员,1940年加入贝茨公司从事广告工作,他强调研究产品的卖点,对家庭消费十分看重,曾帮助总督香烟、高露洁牙膏重塑了形象。1961年,在他编写的《广告实效》一书中提出了"独特销售主张"的创意理念。在这个广告创意理念中包含三个部分的内容:一是通过文字和图像向消费者提出建议,即你购买产品将会获得明确的利益;二是所提供给消费者的建议,必须是独一无二的,是竞争对手没有提出或无法提出的;三是对消费者提供的建议必须有足够的吸引力,也就是说你的建议要有足够的力量来为产品招来更多的消费者。

(三)威廉·伯恩巴克的实施重心法

威廉·伯恩巴克是广告创意领域最有影响力的人物之一,在《广告时代》20世纪末的评选中,他被推荐为广告业最有影响力的人物的第一位。伯恩巴克认为,广告信息策略中的"如何说"这个可实施的部分可以独立成为一个过程,形成自己的内容,这就是所谓的实施重心法理论。按照这一观点,广告的实施风格在广告中起着决定性的作用,广告的秘诀不在于"说什么",而在于"如何说"。伯恩巴克提出了广告实施的四个要点:一是要尊重消费者,不可用居高临下的口吻与广告受众交流,应以平等的态度进行交流;二是单纯简洁,将广告要告诉消费者的内容浓缩成单一目标、单一主题;三是必须与众不同,要具有自己独特的风格,最重要的是独特性和新奇性;四是不要忽视幽默的力量,因为幽默能吸引更多人的注意力,并使受众感到身心愉快。

(四)大卫·奥格威的品牌形象法

大卫·奥格威是一个富有传奇色彩的广告大师,以创作简洁、富有冲击力的广告而闻名于世。20世纪60年代中期,他提出了品牌形象的广告创意观念。他认为品牌形象不是产品固有的，而是消费者联系产品的质量、价格、历史等，在外界因素的诱导、辅助下形成的。每一个广告都是对构成整个品牌的长期投资，任何产品的品牌形象都可以通过广告建立起来。

按照品牌形象理论，消费者购买一个具有品牌形象的产品，所获得的不仅仅是产品本身，而且还获得了产品提供的物质利益和心理利益。穿着一件名牌的服装，让消费者感受到的并不是保暖、遮羞这一服装的基本功能，而带给他们更多的是心理满足，因为名牌象征着他们的社会地位，代表了他们的生活质量，塑造了他们的个人形象。穿着名牌的服装，会使人感到骄傲和自信，这就是品牌的力量。所以，大卫·奥格威的"广告是为打造品牌的长期投资"的创意观念一经提出，就在广告界产生了巨大影响，引起了一场广告观念的重大变革。

（五）艾尔·莱斯和杰克·特劳特的定位法

20世纪70年代初，艾尔·莱斯和杰克·特劳特在《产业营销》和《广告时代》上发表了一系列文章，介绍他们的"定位"观念。他们认为，通过广告为产品在消费者的心智中找到并确立一个位置，这就是"定位"的概念。创作广告的目的应当是替处于竞争中的产品树立一些便于记忆、新颖别致的东西，从而在消费者中站稳脚跟。一旦产品在消费者心智中的位置被建立起来，当消费者需要解决的那一问题发生时，他就会想到那一产品或品牌。

第二节 网络广告标题设计

网络广告的标题是网络广告文案中最重要的部分，它就像一个商店的店名一样，一个好的店名会引起更多消费者的注意，为商店带来更多的消费者。好的网络广告标题，不但能抓住网页浏览者的"眼球"，而且能引起他们更多的点击行为。在众多的按钮广告中，由于面积太小，图像的力量难以发挥，吸引注意力的重任就更是落在标题之上了。

一、网络广告标题的功能———吸引

网络广告标题以优美的文字、亮丽的色彩、醒目的字体以及采用一些文字装饰、动态效果等多种方式来吸引浏览者的有意注意和无意注意。在一些按钮广告中，为了突出标题，其标题文字几乎占用了整个按钮的面积。

在网络广告中，因受到屏幕空间的限制，在页面上的网络广告往往不能完全表达广告的内容，需要浏览者点击之后才能链接到真正的广告页面，才能了解到全面的广告信息，对于按钮广告和文字链接广告就更是如此。所以，网络广告标题的重要任务之一就是要吸引用户去点击。例如，在天极网上的一则广告标题是："一毛钱的广告能带来多少商机？"这种设问式的标题，能很好地引发浏览者的好奇心，从而诱使他们点击去看个究竟。

消费者要购买某件商品，总是希望从这种商品中获得某种利益，当广告承诺的利益符合他们的需求就可能引起购买动机的产生，如果广告承诺的利益比其他同类产品更高，那么他们购买你的产品的可能性就更大。所以，有许多网络广告的标题中直接向消费者承诺利益，例如，在一则 LG 显示器的旗帜广告中，其标题是："方管技术带来完美画质"，清楚地表明了该产品使用了最新的方管技术，会给使用者带来更高的画面质量。

当你的产品在经过技术革新后拥有了更优异的性能，或是采用新技术研制出了新产品，那么你在广告中就可以通过标题将产品的这些新特性告诉消费者。例如，在一种新型闹钟的一条文字链接广告中，链接文字为"让音乐叫醒你的耳朵，MP3 型闹钟问世东瀛"，这个标题给用户陈述了两个新特性：一是闹钟的声音不是传统闹钟的"滴哒"声，而是音乐；二是闹钟采用了 MP3 技术，其音乐自然可以通过网上下载来更换。

网络广告的标题可以向广告的受众传达一个概念，当这个概念被受众接受后，在他们的心中就树立起了产品的品牌形象。例如，在 HP 彩色打印机的一则网络广告中，其广告的标题是："让你的生活多姿多彩"。这个广告标题并没有直接向我们陈述产品的相关信息，而是表达了对我们生活质量提高的贡献。试想，多姿多彩的生活是如此美妙，多么令人向往，令人陶醉，在对未来生活的美丽憧憬中，自然就会形成对广告中产品的良好印象。

二、网络广告标题的其他类型

有的标题直接把产品给消费者带来的利益体现出来。例如："QQ 酷车等你拿"（新浪手机网）"均匀无瑕肤色、妆效持久一整天"（欧莱雅轻绒液体粉饼）。

悬念型标题是在标题中设置悬念，引起受众的联想，使他们从不自觉的被动状态转化为自觉的主动状态。为了解开悬念，他们自然会采取点击行动，所以，悬念型标题对吸引点击有很好的作用。例如："您不必担心忘记服药时间"（康泰克）、"妈妈我要喝"（娃哈哈）。

有的类型的标题首先提出一个问题，而问题的答案在广告动画的后续部分给出，或需要点击广告之后才能看到。例如：不想眼睛被画"脏"？（润洁眼部护理液）。

有的类型的广告标题是利用有新闻价值的语句来作为广告标题，其目的是引起受众的注意。例如，"LGCDMA 手机隆重上市""厚礼献给最可爱的人"（东风雪铁龙汽车）。

还有的标题从号召、劝说、祈求、希望的语气来创作。例如："买幢别墅奖励自己"（别墅联运）、"欢迎进入 Canon 彩色世界"（Canon 彩色打印机）。

第三节　网络广告动画设计

一、网络广告动画的特点

网络广告动画和网络上的娱乐性动画不一样，网上的娱乐性动画是让人们观看之后产生笑声，使观者开心愉快；而承担有广告任务的网络广告动画其根本的目的是准确传达广告信息，动画是表达广告创意的一种手段。因此，网络广告动画的创作与设计必须紧紧围绕广告创意来进行，在动画的形式和内容上都要做到和广告创意高度统一，不要因为玩弄动画技巧而忘了动画的根本目的，也不要只为了搞笑而冲淡了广告的主题。耐克新品运动鞋某动画广告，动画之初只有鞋上的局部逐渐显露出来，乍一看不知所云，为观者留下了悬念。随着动画的进行，鞋的整体形象逐渐浮现出来，使观者突然明白：原来那几个最先露出的圆形物体是鞋上专门用来保护关节的几个护垫。该动画虽然只采用了很简单的动画技术，但从形式上深深地吸引了观者，在内容上充分体现了产品的新特性，非常准确地传达了广告的信息，实现了广告创意的完美表达。

（一）具有强烈的视觉冲击力

在网页上的广告动画首先要能引起浏览者的注意，只有当引起了他们的注意之后才能实现广告信息的传达。受视觉求新心理的影响，动态的东西比静态的东西更能引起人们的注意。从这个角度上讲，网页上的广告动画比网页上的静态内容本身就更能引起注意。但是，一个页面上的广告经常不止一个，而是有若干个网络广告动画在和你一起争夺浏览者的"眼球"，所以你必须使你的网络广告动画比其他的更具视觉冲击力，这样才能在争夺"眼球"的战争中获胜。

（二）短小精悍

大多数浏览者对网络广告的注意都是属于无意注意，因此网络广告动画太长是没有人愿意坚持把它看下去的。网络上的广告动画一般都只有几秒钟，有些短的广告动画只有几帧。

网络广告在页面上展示的空间较小，因为它只是作为网页内容页面的一个附加物而存在，如果广告动画占用的空间太大，则势必减少页面的信息内容，这将会引起浏览者的强烈反感。一般地，网络广告动画占用的面积通常在数十平方厘米之内，小的只有几个平方厘米。当然，如果你的广告动画获得了浏览者的点击，那么你自然可以利用更大的空间来展示你的广告动画，甚至可以采用全屏来表现，因为此时你的广告动画已成为浏览者主动索取的信息内容，自然不会造成他们的反感了。

（三）数据量小

受网络带宽的限制，网络广告动画必须保持较小的数据量才不至于过分加长网页的下载时间。有关数据表明：浏览者从选择网页开始，经 Internet 下载，到下载完成后浏览器看到为止，可以容忍的时间长度为 30 秒。由此可以推知，当网络广告动画的数据过大时，网页的下载时间就会大大超过浏览者的忍耐值，他们就可能因此放弃对该页面的访问，这对广告主和网站本身无疑都是得不偿失的。

美国几个主要网络媒体曾对发布在 Web 站点上的标准标题广告的数据量做过严格的要求，其具体内容如下：

*CNN/FNONLINE:468×60 像素，文件大小不超过 8KB。

*WSJINTERACTIVE: 要求 GIF 格式，468×60 像素或 125×125 像素，前者大小不超过 5KB，后者不超过 10KB。

*BUSINESSWEEKONLINE:234×60 像素，GIF、JPG 或者 HTML 格式，文件大小不超过 10KB。

*C/NETONLINE:468×60 像素，文件大小不超过 12KB，用不少于 2 秒钟的刷新时间进行循环的 GIF 格式。

*ENTREPRENEUR:468×60 像素，文件大小可达到 8KB，GIF 格式，循环必须在 4 秒后停止。

以上这些对网络广告动画数据量的规定是在特定网络带宽环境下制定的，并不是在任何历史时期都合适。当今的网络带宽得到了很大的改善，在城市里，很多地方都能够使用上宽带网，对网络广告动画数据量的限制也不如以前那么严格。但是，现在的网络用户对网页下载速度的要求也比以前更高，加之考虑到广大窄带用户的利益，要求网络广告动画保持较小的数据量仍然是十分必要的，也是极其重要的。动画文件数据量的大小仍然是判别网络广告动画优劣的一个重要标准。

（四）形式多样

网络广告动画的形式很多，从组成动画的素材上看：有纯文字的动画，有纯图片组成的幻灯片式动画，有只有转场效果的转场动画以及由矢量形状组成的Flash 动画等。纯文字动画中只有文字出现，由文字的移动、旋转、放缩等形成动画，也可有文字发光、闪烁、跳动、色彩变化等动画特效。动画中的文字是能传达广告信息的关键句子，每句的字数不多，便于记忆。纯文字动画的优点是能准确地表达广告信息，且动画的文件小。其不足之处是直观性差，难以产生诱人的动画效果，视觉冲击力偏弱。

幻灯片式动画，这种动画的播放效果就像播放幻灯片一样，在同一位置上几张图片循环播放，每张图片停留的时间长短可以控制。这种动画的好处是可以只占用一个广告位置来表现多个产品或一个产品的多个侧面，并且动画文件小；其缺点是动画效果差，每张图片出现时都有跳动感。

转场动画。该种动画形式是对幻灯片式动画的一种改进，它在相邻的两张图片间加入了一段过渡动画（转场动画），这样在两张图片间进行切换时就不会产生跳动的感觉，而是形成了一种自然、流畅的过渡。由于转场的形式十分丰富，所以动画效果也丰富多彩，并且制作技术也容易掌握，但动画文件的数据量与幻灯片动画相比有较大幅度的增加。

矢量形状形成的 Flash 动画。这种动画形式目前在网络上使用最为广泛，它具有数据量小、放大后不影响动画质量、支持流式技术、具有良好交互能力等优点。

二、网络广告动画设计的艺术规律

网络广告动画是一种动态的广告艺术，它用动态的画面来传达情感和信息，因此它遵从影视艺术的表现规律。但是它的画面又不像影视画面那样能独占屏幕空间，而是和网页本身的内容共存同一屏幕空间内，所以它又只是静态画面中的一个动态元素，要使它在画面中凸显出来抓住网页浏览者的眼球，必须利用平面广告设计的一些规律。

（一）广告动画与页面的关系

1.局部服从整体

网络广告动画是网页的一个局部，在色彩、风格、布局等方面必须满足整体网页的设计要求，不能脱离整体而成为完全独立的个体游离于页面整体风格之外，必须和整体形成协调一致的关系，局部的设计要有利于整体的表现。

2. 对比与调和

在把握整体风格的基础上，通过对比可以使网络广告动画凸显出来，提高网络广告动画的视觉冲击力。对比的形式可以采用色彩的明暗、深浅、冷暖，也可以采用形状的变化、疏密的变化等形式。在对比中要注意调和，形成均衡、对称、渐变、重复等造型，打破因强烈对比带来的不协调。

（1）景别

景别代表了人们观察主体视距的远近。按照人的视觉规律，视距越短，主体的形象越大；视距越长，主体的形象就越小。和电影、电视一样，网络广告动画表现的空间也受到限制，甚至更甚。在一定的空间内，广告主体的画面大小就体现了不同的景别。

①远景

这种景别代表人们在很远的地方观察主体，主体形象在画面中占的面积很小，画面的主要内容是主体周围的环境。该景别的主要用途是说明主体的环境空间，为后续的动画内容做好铺垫，似乎在告诉观者，后面的故事将会在这里发生。

②全景

在全景画面中，能表现主体的全貌，并保留有部分主体周围的环境空间。与远景相比，全景中主体的形象在画面中占的面积要大得多，其画面表现的内容中心已变成主体，环境只是次要的表现内容。对于主体而言，画面中表现的是整体形象，是为了传达主体的整体信息，而非主体中的一个局部，让观者对主体形象有一个完整的了解。

③中景

在中景画面中，主体对象所占的面积进一步加大，画面内已经不能表现主体的整体形象，主体的次要部分已退到画框外，主体环境在画面中已显得不重要。画面表现的中心内容集中在所关注的主体部分，重点表现该部分的动作、表情、色彩、纹理等。当表现的主体是人时，中景画面一般表现膝以上的部分，在这部分能表现手和头部的动作，也能表现人的面部表情。

④近景

近景画面表现的空间范围比中景更小，主体画面所占的画面面积更大，环境和背景在画面中的作用进一步降低。对于表现的主体，只有所关注的少部分形象在画面内，主体的大部分形象在画面之外。以人物为例，近景画面表现胸以上的部分，这时画面表现的中心内容集中在人头部的动作和面部表情，由于画面大，所以能细致地刻画头部动作和面部表情的细节，具有很强的表现力。图 3-12 中的几个按钮广告动画采用了近景画面。

⑤特写

画面集中表现主体的一个细部，在画面内一般已没有环境和背景。特写表现的是主体有价值的局部，局部的形象充满了整个表现空间，就像我们拿着放大镜观看物体的某个细部一样。通过特写画面，能排除一切干扰因素，使观者的视线集中在主体有价值的细部。特写画面对细部造型、色彩、质感、光泽的准确表现，不但能够提高画面的视觉冲击力，而且充分表现出了产品细部的精良设计和品质，从而使观者对整个产品形成良好的印象。所谓以小见大，就是这个道理。

（2）镜头

电影、电视通过摄影机的镜头运动来体现人们观察世界时的视线移动，所以通过摄影机拍摄的画面符合人们的视觉习惯，能够被人们接受并观赏。动画的画面运动不是靠摄影机拍摄，而是用计算机来实现，但是它的画面运动仍要符合人的视觉规律，所以动画中的画面运动也要遵从摄影机镜头运动的规律。

①固定镜头

固定镜头就是保持摄像机的位置及镜头轴线、焦距不变来对客观对象拍摄的画面。固定镜头能表现主体的运动和动作，主体与镜头越近，在画面中的图像就越大，但背景的大小、范围、方向不变。这种拍摄方式是对人站在某一固定位置，注目观察对象的视觉表现。在网络广告动画中，这种类型的动态画面十分常见，因为保持背景不变可以使动画的数据量大幅度减小，从而缩短动画的下载时间。

②推镜头

推镜头是摄像机向被摄主体推进，或者使镜头的焦距逐渐加长所拍摄的画面。在镜头推进的过程中，被摄主体的画面越来越大，主体的形象逐渐变得清晰，充分调动了人们探索事物本质的好奇心理，使被摄主体在观者心中形成深刻的印象。推镜头表现了人们走近观察某一对象的视觉体验，当距离观察对象较远时，只能隐约看到对象的大致轮廓，为了清楚地看到对象，人们便会走近对象去观察，在走近对象的过程中，观察对象的形象便逐渐清晰起来。

③拉镜头

拉镜头和推镜头相反，是摄像机和被摄主体逐渐拉开距离，或者镜头的焦距逐渐缩短所拍摄的画面。拍摄的画面中，被摄主体在画面中的面积越来越小，主体周围的环境空间范围越来越大，最终表现出主体周围有意义的对象。由于拉镜头使主体的环境是逐渐显示出来的，镜头每拉开一点，环境的范围就增加一点，好像在不断揭开一个未知世界的秘密，充分调动了观者的猜测和想象心理。所以，拉镜头能够很好地设置悬念，最终的结果常常使人觉得意外。

④移镜头

移镜头是将摄像机固定在一活动物体上拍摄的画面。移镜头是以人们生活中的视觉体验为基础的，现实生活中，人们并不总是固定在某一位置观看事物，有时边走边看，坐在汽车上、火车上、飞机上也会向窗外眺望，这些都说明人的视线随着某物体的运动而运动。由于摄像机架在活动物体上，所以移镜头可以将静止不动的主体及背景表现出运动的特征，在镜框内，主体及环境在不断地后退。移镜头的主要功能是通过有限的镜框来展现一个宏大的场面，开阔了人的视觉空间，同时也具有强烈的真实感和现场感。

（3）转场技巧

一个网络广告动画中，总是包含多组画面，每组画面表达一个特定的信息内容，画面转场就是从一组画面到另一组画面的转换。通过画面转场，即使两组画面间造成视觉上的连贯，又形成了两组画面信息内容的分割。画面的转场方法分为有技巧转场和无技巧转场两大类，无技巧转场就是两组画面间的转换直接呈现，中间不加过渡画面，这在 GIF 广告动画中较为常见，其动画效果就像幻灯片的快速播放；有技巧转场在两组画面的转换过程中加入一些过渡画面，使画面的转换形成视觉的连贯。下面介绍一些常见的转场技巧。

①淡入淡出

在画面的转换过程中，前一组画面的亮度逐渐降低到零，接着后一组画面的亮度由零升到正常，从而实现了画面的转换。画面转换过程的时间一般不超过 2 秒，过长的转换时间不但使动画节奏减慢，显得拖沓，而且增加了过渡画面的帧数，使动画的数据量变大。

②叠化

在转场过程中，前一组画面的透明度逐渐加大，最后变得完全透明而隐去，同时后一组画面的透明度逐渐减小，从完全透明恢复到正常而显现出来，这样就完成了画面的转换。

③划像

在转场过程中，前一画面从一个方向退出动画边框，后一画面随之进入，好像后一画面将前一画面推出似的。根据画面退出的方向，可分为横划、竖划、对角线划等。

④圈式转场

这种转场方式分为圈入和圈出两种：圈入是利用一个圆形、方形或各种多边形外圈的逐渐放大，使后一组画面逐渐完整地展现出来，后一组画面的显示范围受到外圈的限制，只有当外圈完全覆盖了动画的方框时，后一组画面才能显示完整；圈出是随着外圈的逐步缩小，使前一组画面的显示范围逐渐变小，逐步露出后一组画面，最终前一组画面完全消失，就完整地露出了后一组画面。

⑤推拉转场

这种转场方式是用推摄和拉摄的原理实现画面的转换。推式转场好比对后续画面实施推摄，使画面越来越大，直到充满整个画框，从而完成画面的转换；拉式转场正好相反，是对前一组画面产生拉摄的效果，画面越来越小，同时后续画面逐渐露出，最终前一组画面消失，后续画面完整显露出来，完成画面转场。

⑥百叶窗转场

百叶窗是我们在家中或办公室内使用的一种窗帘形式，整个窗帘由多个叶片组成，叶片的两面绘制有不同的图案，所有叶片正面的图案组成一幅完整的图画，反面的图案组成另一幅图画，通过转动窗帘的控制杆，可以将所有叶片由正面转到反面，也可由反面转到正面，这样就实现了两幅窗帘图画的转换，百叶窗转场的效果与此完全相同。由于窗帘的叶片有横置和竖置之分，因此百叶窗转场也有水平方式和垂直方式。

⑦翻页式转场

翻页式转场就像我们平常翻阅画册一样，前一页翻过去之后，后一页上的图画就显示在我们的面前。在翻页的过程中，前一页上的图画在我们视线内的范围逐渐减少，并且画面随翻页幅度的加大而出现更大的扭曲变形，后一页上的图画逐渐显露出来，直到翻页完成后，才显示出完整图画。翻页转场的效果与此相同，且可产生不同方向的翻页动画，可顺翻，也可反翻。

以上介绍的只是几种常用的转场方式。现在画面的转场动画都由计算机完成，计算机硬件和软件技术的发展，使画面转场的效果越来越丰富，现在已开发出的转场效果至少也有数百种，今后还会进一步增加，我们可根据设计要求合理选择。

（二）动画节奏

有运动就有节奏，节奏源于运动。在网络广告动画中，节奏主要在于运动的时间控制上，运动速度的快慢、色彩变化的频率、形状变化的舒缓以及单位时间内画面转换次数的多少等都是影响动画节奏的主要因素。在广告动画中，节奏对广告的表现力和感染力有着十分重要的影响，动画节奏太慢，给人以死气沉沉的感觉，不能调动观者的激情；节奏太快，又会使人过度紧张和兴奋，给人眼花缭乱、无所适从的感觉；一个没有节奏变化的广告动画，让人觉得平淡、乏味，不可能给人留下深刻的印象。

1. 运动与节奏

动画中的运动方式主要有移动和旋转，从运动速度的变化来看，可分为匀速运动、加速运动和减速运动。匀速运动没有速度的变化，其运动过程本身也没有节奏的变化，但不同运动速度的画面组接后仍可产生出节奏的变化。例如，我们制作一条有两句广告词的广告口号文字动画广告，首先以中速推出第一句"杀菌治脚气"，然后以快速推出"当然达克宁"，这样虽然每句广告词的运动都是匀速的，但不同运动速度的组接后就产生了速度变化的节奏。加速运动和减速运动的运动过程本身就包含了节奏的变化，加速运动使节奏逐渐加快，能将叙述的内容推向高潮，充分调动人的心理情绪，让人注目观看；减速运动则是将运动的节奏逐渐减慢，让人逐渐从兴奋中平静下来，仔细观看运动主体。值得一提的是，在网络广告动画中，尤其在文字动画的广告中，文字运动结束之后几乎都有一个停顿的过程，一是这个停顿可以形成节奏的变化，但更重要的是给人仔细观看运动主体和阅读广告词的时间。

由以上内容可以看出：不但运动过程本身可以表现动画的节奏，而且不同运动过程画面的组接也可表现出动画的节奏。多个运动过程画面的组接不但可以表现出运动速度变化的节奏，而且可以体现主体位置变化的节奏和韵律。

2. 色彩与节奏

色彩的组成要素可分为色调、亮度、饱和度，改变这三个要素，可形成多种色彩变化动画，其中闪烁、色彩循环、发光是最常见的色彩动画形式。

闪烁动画是利用亮度的明暗变化来制作的，闪烁的频率体现了动画的节奏。高的闪烁频率对人的视觉有强烈的刺激作用，能引起人的注意，但长时间的高频率闪烁使人产生视觉疲劳，让人烦躁不安，并且很难看清闪烁的内容，所以在动画中要控制高频率的闪烁时间，一旦引起了人的视觉注意后，就应立刻减慢闪烁速度，或者停止闪烁，让人仔细观看其内容。

色彩循环动画是利用色彩的有序替换形成的，在视觉上产生了色彩的循环流动，色彩替换频率的高低直接反映在色彩流动的快慢上，形成了不同的动画节奏。当色彩的替换频率较高时，色彩的流动显得平滑、有序，给人以舒心、愉悦的感受；反之，色彩的流动会显示出有节奏的跳动，给人以较强的视觉冲击。

发光分为内发光和外发光，内发光动画是发光物体由本身的颜色变化到发光色的颜色变化过程，色彩变化的快慢体现出动画的节奏；外发光动画是在发光物体的周围产生出发光颜色的光晕，光晕的大小、强弱表现出有节奏的变化。

3.形变与节奏

动画中的形变有大小变化、扭曲、伸缩、形状改变以及分离、拼合等多种形式，每种形式的动画都有自身表现节奏的特点。例如，大小变化动画的节奏表现和影视中的推拉镜头类似，放大的速度缓慢而均匀时，能够表现出安宁、平和的气氛，放大速度快而短促时，动画节奏快，画面具有极强的视觉冲击力，有震惊和醒目的效果，具有揭示本质的力量，在广告动画中使用广泛。再如，在形状拼合的广告动画中，常采用由慢到快，最后停顿的节奏来传达广告信息：先是一个完整画面的各个局部向同一中心慢慢会聚，这时观者急于想知道会聚在一起后的结果，所以在该过程中很好地设置了悬念，吸引了观者对结果的主动注意；当快要拼合成最终的完整形状时，突然加快会聚速度，快速拼合成完整图案，给观者一个震惊和意外；最后停顿下来让观者仔细观看。这样的节奏有张有弛，既给人以美的享受，又有很好的信息传达效果。

（三）广告动画的基本形式

1.运动动画

（1）直线运动

直线运动是指运动轨迹是一条直线或多条直线组成的折线，按照直线的方向又可分为水平运动、垂直运动和倾斜运动。直线运动可形成许多复杂的运动现象，例如，短距离的循环往复直线运动形成我们常见的跳动、抖动等运动现象；多个物体的直线运动组合可产生出聚合、分离、交错等复杂的运动。

（2）曲线运动

曲线运动是指运动的轨迹是曲线，是一种普遍的运动形式，树叶的飘落、汽车在蜿蜒的公路上行驶、人在路上行走等都是在做曲线运动。由于曲线本身的复杂性，所以曲线运动的形式不计其数，比较典型的有圆周运动、S 型运动和螺旋曲线运动。

（3）旋转运动

旋转运动是十分常见的，行驶中的汽车轮胎、钟表的指针以及我们生存的地球都在不停地做旋转运动。旋转运动的特征是运动物体始终绕着一个固定点转动，这个固定点可以在运动物体内，也可在外，转动的角度可大可小。当固定点在运动物体外时，所做的运动就是圆周运动；当旋转的角度较小，且往复转动时，我们称这种运动为摆动。根据不同的旋转方向，旋转运动分为顺时针旋转和逆时针旋转两种，如果从三维空间来考虑，除旋转的固定点外，还要确定旋转轴的空间方向才能确立旋转运动。

2. 形变动画

（1）形状改变动画

这种动画方式为动画元素的形状发生改变，可以是一对一的形状变化，也可以是从一个形状变化成多个形状，或是从多个形状变成一个形状。形状可以是封闭的，也可以是由线组成的开放式形状。当起始形状和结束形状确定后，中间的过渡画面可逐帧绘制，也可由计算机自动生成。当起始和结束形状差异太大或者形状太复杂时，计算机自动生成的过渡画面质量较差，会出现一些难以预料的交叉、扭曲画面，由这些画面组成的变形过程就显得杂乱无章，不是自然流畅的过渡，因此，这时就需要人工绘制一些过渡过程中的关键控制画面或整个过渡过程逐帧绘制。

（2）弯曲与歪斜动画

弯曲与歪斜是日常生活中常见的现象。人们锻炼身体时会弯弯腰，挑夫的扁担在两端重物的作用下会发生弯曲；同样，也有许多歪斜的现象，例如，年久的相框从矩形变成了平行四边形。弯曲变形动画的基本特征是动画的结束形状由起始形状弯曲而得，歪斜变形动画的结束形状则是由起始形状歪斜而得。

（3）放缩动画

这种动画方式是保持动画主体的形状不变，但在各个方向作相同比例的放大或缩小。该动画形式可模拟摄像机拍摄时的镜头推拉效果，也可作为画面转场的过渡动画，在前面相关部分已做过介绍。

（4）伸缩动画

该动画方式与放缩动画的差异在于：在放大或缩小的过程中，各个轴向的比例不相同。从形状上看，是对起始形状进行了拉伸或压缩。对于那些体积不能改变的物体，如充气的气球，在一个方向上进行了拉伸，在另外的方向则必须压缩，否则体积就发生了改变，与实际情况不符，这样动画就显得不真实。

3. 色彩动画

（1）亮度变化

亮度是构成颜色的一个要素，改变该要素的值可改变颜色的亮度，亮度值越大，色彩越亮，最高时变为白色；反之，亮度值越小，色彩越暗，最低时变为黑色。亮度值的急促且大幅度变化可形成闪烁效果，局部亮度值在空间上的有序变化则有光源移动照射形成的光影流动效果。

（2）颜色变化

颜色变化是指动画主体的颜色从一种色彩变化到另一种色彩，其变化的过程就形成了颜色变化动画。

（3）色彩循环

色彩循环动画有多种形式，可以是同一主体上多种不同的色彩依次替换，也可以是不同主体的颜色交替循环或者在同一主体上循环显示多种色彩。

我们可以利用色彩循环来制作物体转动的动画效果，这种方式比制作物体的转动动画来得更加方便。

4.转场动画

转场是影视艺术中的一个概念，是为了使不同场景或不同情节的镜头画面实现平滑连接。在网络广告动画中，除了连接不同分镜头动画画面的功能外，还常常以独立的动画形式存在，整个广告动画完全由转场动画构成。转场动画的特点和类型在前面已经讲述。转场动画多为 GIF 动画，利用 Ulead 公司的 GIF Animator 软件可以制作出多种转场动画。

（四）常见动画效果

残影是运动物体在已经经过的位置上留下的残留影像，它体现的是一种视觉现象。运动物体经过我们的眼前时，即使物体已经离开，在短时间内我们的视觉还保留有它的影像，这就是人的视觉残留。影视和动画正是利用了人的视觉残留现象才能表现出连续的运动，按照人的视觉残留时间，对运动物体每秒至少拍摄 24 帧画面才能使画面播放时没有跳动的感觉。在动画中，常将视觉残留现象夸大，制作出残影动画效果。制作残影动画时要注意残留影像的变化规律，运动物体离开的时间越长，残留影像就越淡，在实际制作时是将图像的透明度加大，直到完全透明时使残留影像消失。

1.淡入淡出

淡入淡出在影视片中是一种转场效果，在网络广告动画中，它不但可作为转场特效，而且常用来作为动画元素的动画效果。

2.抖动

抖动是网络广告动画中十分常见的动画效果，因为抖动可以很好地吸引人们的视觉注意。抖动的幅度有大有小，大幅度的抖动一般伴随着短暂的静止来让浏览者看清动态元素的信息，小幅度的抖动由于对看清信息影响不大，常常一直抖动不停。

3. 闪烁

闪烁在网络广告动画中也是很常见的动画效果，因为这种效果能产生强烈的视觉刺激，从而吸引人们的视线，视觉冲击力强。但是，长时间的闪烁不利于视觉健康，也使人产生视觉疲劳，所以闪烁效果一般持续时间短暂。

4. 爆炸

爆炸是动画元素由一中心点向四周快速飞行的动画效果，与人们常见的鞭炮爆炸效果类似，能很好地与人们已有的心理模型相匹配，使人兴奋和愉快，从而使广告信息在浏览者心理留下深刻印象。

5. 拼合

拼合在运动的方向上与爆炸相反，一个整体的各个局部从四面八方向一固定位置聚合，最终形成整体，这个整体可能是一段文字，也可能是一个完整的图画或符号。拼合效果能很好地勾起人们的好奇心，在动画的过程中，拼合的结果逐渐明晰，使人们处于对结果的不断期待和探索中，吸引了人们的兴趣和注意。在网络广告动画中，一个个单独的文字从各个方向飞行聚合，最终拼合成"你的邮件来自 2035 年"这句完整的广告词，这句广告词本身又设置了悬念。所以，在吸引点击上，这则网络广告无疑是十分优秀的。

6. 缩放

缩放是动画元素放大或缩小形成的动画效果，通常有小—大—静止、大—小—静止、小—大—小等表现形式。该动画效果能较好地引起人们的视觉注意，静止期间能让人们仔细阅读和观看信息。

第四节　网络广告互动设计

网络广告中引入的与观者的互动是区别于其他媒体广告的特点和优势，互动提高了观者的参与意识，激发了他们对广告的兴趣，对提高广告的点击率有很好的作用。网络广告中的互动分为鼠标感应、行为互动、虚拟现实等几种形式。

一、鼠标感应

鼠标感应是当鼠标的光标放在按钮或画面的特定区域时就出现一段动画或画面发生变化。

例如，奥迪汽车的一则网络广告，在上部的广告动画开始之时，鼠标滑入画面的左部后，下部的广告画面就会慢慢滑下，最终呈现广告的完整画面，点击画面上的关闭按钮，滑出的画面收起。

　　例如，上海大众汽车的网络广告，当鼠标的光标放在右边不同的颜色方形按钮上时，左边的汽车立即变成与按钮颜色相同的色彩。

二、行为互动

　　行为互动是通过鼠标的点击、拖动或按下键盘按键与广告画面产生互动。例如，雪铁龙汽车的一则网络广告，在该广告中，用鼠标点击右边的文字按钮时，左边会播放相应内容的广告动画，并通过动画的形式来展示该款汽车的各种空间。

　　当鼠标点击左边的广告小图片"微笑海淀"时，右边的大广告图片就像翻书一样慢慢展开，挡住网页上的部分内容，呈现出完整画面后再停止；当点击画面上的关闭按钮后，该画面卷起，回到原来的小图片状态，原来的网页内容又正常显示。

　　在 NOKIA 3100 网络广告中，用鼠标向右拖动下面的滑块，街景后移，人物表现出行走的动作，好似人在街上边走边看。一旦停止拖动鼠标，背景画面也停止向后移。

三、虚拟现实

　　虚拟现实是对现实的仿真，这种技术能让人们产生真实的体验和感受，它以人们现实生活中的三维空间为基础，通过图像在三维空间的变化来模拟真实的物体。

　　例如，KIA 汽车外型的虚拟现实情况。当鼠标左右拖动时，汽车随之发生在三维空间的旋转，甚至包括汽车在地面的阴影也发生相应的变化，具有我们在现实生活中从不同角度观察汽车时获得的同样的体验和感受。

　　例如，KIA 汽车内部空间的虚拟现实展示，鼠标拖动展示出不同角度观看到的内部空间情况，就好比我们站在汽车内部观察一样，有非常强烈的真实感。

　　人们在购买鞋类商品时，总会拿着鞋仔细观看各个局部的做工是否精细，检查产品的质量。运动鞋的广告中，当鼠标移动鞋的任意局部时，就有一个放大镜出现，并呈现出该局部的放大图像，很好地虚拟了我们拿着鞋仔细近看的情况。

第五章　计算机网络广告设计应用

第一节　网幅广告

网幅广告设计是我们接触互联网设计工作后，较为常见的一种工作。随着电子商务浪潮的兴起，网幅广告的更新频率越来越快，设计水准也日益提高。网幅广告的核心使命其实是从众多的网页信息中脱颖而出、吸引用户关注，继而被点击。它的设计主旨是主题明确、关键内容突出、信息层级分明。

一、尺寸

网幅广告的尺寸要看它所处网站页面的广告位尺寸，每个网站的不同页面广告位尺寸也会有所不同。下面给出常用的几种网幅广告尺寸。

图 5-1　网幅广告尺寸

类型	尺寸（像素）	出现形式
横版巨幅网幅广告（全屏、背投）	950×480（页面宽为 950） 760×480（页面宽为 760）	打开网页瞬间出现，若干秒后消失。
横版通栏网幅广告	760×100（页面宽为 760） 950×100（页面宽为 950） 950×60（页面宽为 950）	出现在网页中间的横幅 banner 广告，可轮换不可关闭。

续　表

类型	尺寸（像素）	出现形式
竖版对联网幅广告	120×270 25×270	成对出现在网页两侧的网络广告形式，类似于"对联"，可关闭可轮换。
竖版摩天楼网幅广告	130×300 160×260	形似"摩天楼"的矩形网络广告形式，出现在网页两侧，可变换不可关闭。

二、版式设计

（一）版面构图

网幅广告尺寸各异，内容包罗万象，掌握好网幅广告的构图方法有助于设计师更好地安排版面内容，突出广告含义。

1. 水平式构图

水平线给人平静、开阔、延伸的心理暗示，在进行水平式构图时应注意广告的背景图不要过于跳跃。

2. 垂直式构图

垂直线给人纵伸、修长、矗立的心理暗示，垂直式构图适合表现人物、竖长型产品等。

3. 斜线式构图

斜线式构图给人不稳定、变化的心理暗示，适合活跃版面，形成较强的动势。在斜线式构图时应该注意文字的方向与主题图的配合。

4. 放射式构图

由中心向四周发散的线具有很强的集中和聚焦作用，能够使复杂的画面产生扩张感，在设计中放射线可以设计为可见的，也可以通过文字等元素的放射处理体现大透视感。

（二）版面分栏

1. 左右两栏式

左右两栏的版面结构是横幅网幅广告常用的版面格局，在长宽比较高的广告版面中使用最多。左右两栏的版面结构通常是左侧放置图像组，右侧放置文字组或右侧放置图像组，左侧放置文字组。

2. 左中右三栏式

三栏式网幅广告能够展示更多的图像元素，广告语通常位于三栏式网幅广告的中间，便于让用户一目了然看到广告的内容。

3. 左右栏中栏式

横向网幅广告中左右分栏是最常用的方式，但为了丰富版面内容，在左右分栏之后可以在其中一栏再进行上下分栏。

4. 上下两栏式

上下两栏的版面结构有利于信息层级的编排，能够更有序地放置更多的图文内容，适合内容信息量大的网络广告。

5. 上中下三栏式

上中下三栏的版面结构在竖版网幅广告中使用较多，竖版网幅广告的长宽比低，有宽松的纵向空间，使用上中下分栏能够细化版面空间，将内容元素进行合理地安排。

三、背景设计

网幅广告的背景是广告的大环境，主要起到烘托气氛的作用。设计师需要针对不同的广告内容去思考广告环境、情感和氛围，例如欢快的、温馨的、高雅的、幽默的、悲伤的、可爱的、活泼的等等。需要注意的是背景永远都是背景，不能因为太注重氛围的营造，导致太花太乱而淹没了前景的图片和文字。好的背景应当是既丰富了层次，又不扰乱版面的秩序，能够更好地突出主体、渲染氛围。

背景设计的方法有很多种，常见的形式包括图像背景、图形背景、渐变背景。网易云阅读网幅广告采用模糊处理的人物剪影图像做背景，与广告语相呼应，体现了产品的品质感。

四、主视觉元素设计

网幅广告中的主视觉元素通常由广告产品或主体图像、图形构成，主体视觉元素不必放置太多，但必须精美和统一。精美的主体视觉形象会让版面的质感提升，并能够增加看点。在一个版面中出现多个主视觉形象的情况下，还需要进行视觉语言的统一，否则会显得杂乱无章。

五、文字设计

无论网幅广告的文字如何设计，都需要从版面中突出出来，下面介绍几种让文字突出的设计方法和注意事项。

（一）利用文字和背景的明度差突出文字

白纸黑字是我们印象中一种根深蒂固的突出文字的对比效果，然而设计新人通常会将这种黑色的文字断章取义，误认为黑色与任何色彩搭配都能够"醒目"，因此要注意分辨色彩的明度，在文字设计时多尝试，避免在低明度或中明度色背景上使用黑色文字。

（二）利用投影突出文字

多数设计师都懂得通过投影来突出文字，然而对投影的细节设置并不是每位设计师的天赋。Photoshop 等设计软件中的自动投影数值设置经常会引导设计师把自己的作品做成"默认"样式：黑灰的投影和不会变换的边界。在进行网络广告文字投影设计时需要考虑广告的背景，根据背景去调整文字投影的色彩、面积虚实。

（三）利用描边突出文字

给文字添加描边是突出文字、让文字变得立体的设计方法。在网络广告设计中，若想突出广告语这一版面的主要因素可以使用描边来实现。影响描边效果的因素包括字体、描边粗细、描边色彩。太细的字体不适合使用描边设计，如报宋、仿宋、普通宋体等，描边的粗细要根据版面的需要而定，通常情况下粗描边比细描边更能起到突出的效果，但细描边如果配以得体的色彩也能够为文字增加层次。

第二节　文本链接广告

文本链接广告主要是通过对网页中简短的文字标题进行点击，进入超链接页面来展现广告内容。文本链接广告具有隐蔽性，大量的广告信息都将在点击之后显示，这之前看到的文字标题只是冰山一角。如何吸引用户对文本标题进行点击，是文本链接广告的设计重点。文本链接广告对广告字数有严格限制，能在最精练的标题中传递最大的吸引力，引起用户的好奇心就能够达到文本链接广告的目的。

文本链接广告在设计上要保证文字的识别性，在同一页面中不同色彩的文本链接广告体现了广告的地位轻重，对于强调链接和普通链接的设计是文本链接广告的设计范畴之一。

第三节　电子邮件广告

使用电子邮件来吸引消费者的重要性正日益受到广告主的重视，电子邮件可以实现会员登录、活动推广、产品推荐等广告效果。

一、交互性

电子邮件广告不同于宣传册、宣传单页或单方面传播的印刷媒体广告。它实际上是一个微型网站，通过良好的视觉设计传播广告内容，突出重点，吸引消费者进行交互。电子邮件广告的目标只有一个：让消费者产生足够的兴趣去点击访问按钮，跳转到邮箱外部进行访问。高点击率是衡量电子邮件广告成功与否的标准之一。随着电子邮件广告的普及，各种消费者需求之外的无效营销邮件导致消费者对电子邮件广告的厌倦情绪，因此电子邮件广告的策划和设计师需要在邮件设计上体现更好的创意，让消费者愿意主动点击链接。

过多的信息是导致消费者放弃点击的一个原因，图 5-1 使用一个极简主义的时钟设计，简单有效地告诉客户正午的折扣销售信息，在第一时间吸引住点开邮件的消费者。简约的背景和较少的图像元素更容易把消费者的注意力集中在某一点上。

图 5-1　极简主义时钟销售广告

二、尺寸设计

虽然屏幕尺寸和分辨率近年来有了大幅的改善，但电子邮件的宽度始终没有改变。打开电子邮件之后除去浏览器滚动条和每个邮箱两侧的收件箱等邮箱栏目，中间的邮件正文宽度始终是有限的，大多数电子邮件客户端显示的消息都存在于相对狭窄的窗格中，为保证电子邮件广告在多数显示设备中可见，通常的宽度是

550 ～ 650 像素，最好限制布局宽度为 600 像素。

电子邮件广告的高度并没有严格的限制，无论多长的电子邮件广告都能够被显示，但在设计时需要考虑显示在邮箱第一屏的广告内容是什么。研究表明滚动条每向下滚动一屏就会失去一部分用户，因此我们应尽量避免将电子邮件广告设计得过长。

三、字体设计

电子邮件的图像和标题部分字体可以自定义，而正文部分字体如果设计为可供消费者选择、复制的功能则需要考虑到兼容性。因为电子邮件的正文部分通常是 HTML 编码的内容，以配合不同的浏览器、电子邮件客户端、台式机和移动设备。如果在邮件正文中使用了非系统自带字体，消费者在个人电子邮件中打开邮件时，所有的文字将使用客户端计算机的字体，系统可能会找不到指定的字体，转用不美观的字体取代。几乎所有的 Mac 和 Windows 计算机安装的字体包括：宋体、黑体、微软雅黑、Arial、Times New Roman。

四、头部图片设计

头部图片是电子邮件广告中最先显示的部分，头部图片需要用最短的时间传递出最有效的信息，使消费者对广告内容产生兴趣，拖动滚动条进行继续浏览。准确、美观、有视觉冲击力的头部图片设计能够引起消费者的关注，吸引消费者将电子邮件广告读完，并产生跳转到邮箱外部网页的行为。

也有很多电子邮件广告将内容作为一个整体设计，版式类似传统招贴，没有头图的存在，这样的设计更加统一和整体，重要的信息更易于被消费者获取（图5-2、图5-3）。

图 5-2　夏日啤酒节电子邮件广告

图 5-3　箱包促销电子邮件广告

五、引导链接设计

电子邮件广告里通常可以看到"阅读更多""现在购买""开始""进入"等可点击的引导链接。在电子邮件广告中，它们被称为呼叫行为，引导消费者从他们的收件箱点击外部网。

引导链接的设计应尽量突出，通常设计为按钮的形式。为了提高消费者的参与度，按钮需要设计得突出一些，酌情使用不同的色彩，与邮件色彩产生适度对比，有助于提升视觉的舒适度。

六、页脚设计

页脚是位于电子广告邮件底部的区域。电子邮件营销是一个巨大的产业，电子邮件广告设计存在一些规则和规范。如果发送大量邮件，必须给消费者提供电子邮件退订的方法。为确保电子邮件设计的合法和专业性，通常在页脚中包括以下信息：客户端的物理地址、退订链接、联系方式、转发给朋友的链接等。

第四节　赞助式广告

赞助式广告设计需要注意赞助商产品及标识与网页内容的统一性。如图 5-4 的赞助商标识与广告语在设计风格和色彩上与网页本身的内容和风格统一，都采用了高纯度的色彩设计，这样的设计让广告内容看起来像是网页内容的一部分，不会引起消费者的反感。图 5-5 的赞助商标识和说明文字牌质感设计与网页内容的质感设计一致，都采用了金属质感的高亮设计，最大限度地保持了广告与网页内容的一致性。

图 5-4 赞助式广告

图 5-5 节目赞助式广告

第五节 弹出式广告

在接入互联网的计算机中，应用程序和网页都会发出弹出窗口广告。弹出式广告窗口的出现方式具有强迫性，意外的出现容易让消费者产生厌恶情绪，然而近年来随着网页设计技术的发展，弹出式广告的造型和设计日益丰富，丰富和有趣的弹出广告改变了它强迫性观看形式给消费者带来的反感，能够吸引消费者的注意，并产生兴趣。

弹出式广告的窗口造型设计分为矩形和异形两种，矩形弹窗是最为常见、存在较早的一种窗口造型。它的特点是以长方形或正方形为基础版面进行布局设计，能够承载的内容较多，造型稳定。

网页设计技术的发展为异形弹窗的出现提供了可行的支持，如今异形弹窗的种类也日益丰富，新颖的弹窗造型能够引起消费者的兴趣，使原本令人厌烦的弹窗广告显得生动有趣。

第六节　按钮广告

在进行按钮广告设计时要注意按钮广告虽然面积小，但广告版面之内的内容必须清晰、醒目、明确，不能因为版面小就缩小版面内的所有内容。如图 5-6 太小的文字降低了辨识度，起不到良好的广告效应，图 5-7 的文字和背景设计层次丰富，主旨突出。还应注意背景和图像的一致性，以及元素的精炼设计，不要放置过多不相关的元素冲淡主广告语。

图 5-6　按钮广告

图 5-7　按钮广告

第六章 移动互联网广告设计应用

第一节 APP 下载中心广告

随着手机、平板电脑等移动终端的普及和移动互联网的发展，网络广告的存在舞台被大大地拓展了，对于消费者来说，它变得更加"无孔不入"。

移动广告不同于传统媒体广告，传统广告消费者被动接受广告主发布的广告内容，但移动广告不同，用户可以通过购买软件，手机设置的方法来屏蔽部分广告，因此移动广告的受众人群可精确统计，可以按照需要即时变换广告内容，具有强烈的互动性。

APP 指的是智能手机的第三方应用程序，是英文 App lication 的缩写。比较著名的 APP 下载中心（应用商店）有苹果的 App Store、谷歌的 Googl ePlay Store、诺基亚的 Ovi store、微软的 market place 等。各种手机助手也提供 APP 下载功能，如百度手机助手、豌豆荚、91 助手、360 手机助手、应用宝等。

APP 下载中心包含大量的 APP 宣传广告，吸引消费者点击广告进行 APP 下载。下载中心广告通常会沿用网幅广告的形式，在下载中心首页采用横幅广告的形式进行 APP 推广（图 6-1、图 6-2）。

图 6-1 APP 下载中心广告

图 6-2　APP 下载中心广告

第二节　引导页广告

引导页是在用户首次进入移动终端应用程序之前出现的引导提示页面，数量通常为两屏或以上，可滑动。引导页是为带领消费者快速、清晰、愉悦地进入 APP 而设计，是对产品本身的介绍、概括、指引。从功能和目的的角度来讲，引导页设计分为功能介绍说明、品牌理念展示、推广运营等类型。好的引导页设计能够激发消费者的好奇心，吸引用户对产品进行使用。

一、引导页广告类型

（一）功能介绍说明类引导页广告

功能介绍和产品说明类引导页侧重从产品的功能、使用方法等方面进行展示，广告内容以宣传产品的功能优势为主，通过易操作、轻巧、快速、准确、友好等特性吸引用户进行使用。

功能介绍类引导页的设计侧重点在于明确的功能设计形象图，通过清晰、易懂的方式将产品的功能优势以图片形式进行直观展示，类似于"产品说明书"。信息图的设计要准确地传递出产品功能的优势，在色彩、造型上都应以突出功能为目的，切忌过于花哨、冲淡功能的视觉效果，如图 6-3 所示。

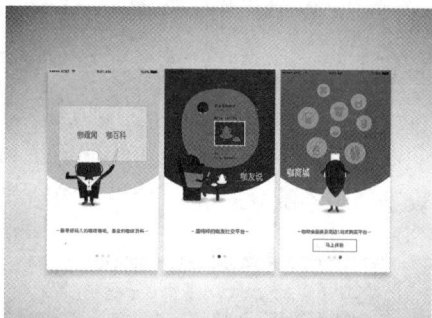

图 6-3 功能介绍类引导页广告

（二）品牌理念展示类引导页广告

品牌理念展示类引导页侧重对产品态度的宣传，让用户感受到产品内在的情感，并与公司形象和品牌理念相一致。制作精良、有趣的引导页，会吸引用户花时间观赏，增加对产品的好感。

展示品牌理念的引导页的设计更侧重于页面氛围的渲染。图 6-4 是中国建设银行手机银行的引导页，以蓝色调为主的页面背景结合理性的圆形传递出安全、可信赖、稳健的信息。

图 6-4 建设银行 APP 引导页广告

（三）推广运营类引导页广告

推广运营类引导页更侧重突出产品的特性、价值。这类引导页的设计更像是产品系列海报，广告语明确指向产品特性和用户需求。在 APP 进行了功能更新或进行活动推广时通常会设计新的引导页。

推广类引导页的设计需要切实从产品的新特性和功能出发，并且注重时效性。如图 6-5 是高德地图春节期间的引导页广告，利用剪纸元素和大红色的主色调体现春节喜庆的节日气息，将现代的几何造型与传统的剪纸风格相融合，通过电池、水龙头、纸飞机作为代表物体现本款导航 APP 的三个重要优势。

图 6-5　高德地图 APP 春节期间引导页广告

二、引导页广告设计

（一）引导页广告的表现方式

1.文字与界面组合

通过简短的文字介绍与产品的界面相结合出现在引导页中，这种表现方式能够直观地展示界面内容，信息量大、较为丰富。但是这种方式并不一定能够引起用户的兴趣，有时千篇一律的界面展示反而会让用户认为不值得停留，导致快速翻过，不能起到很好的广告效果，若将界面进行抽象化表现，突出主体功能，配以得体的文字说明进行排版会得到较好的效果。抽象化的界面保留了主要信息，在有限的屏幕尺寸内部更能够集中用户的视线。

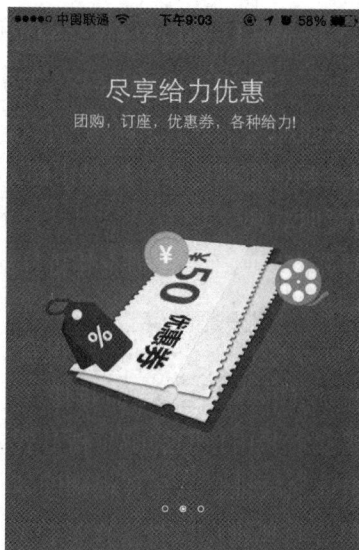

图 6-6　大众点评 APP 引导页

图 6-7 为 QQ 邮箱 APP 的引导页界面，内容以描述产品功能为主，通过界面的局部展示明确地体现了产品的重要功能之一：邮箱整合功能。

图 6-7　QQ 邮箱 APP 引导页

2.文字与插画组合

文字与插画的组合方式也是目前常见的形式之一。由于矢量软件绘制的图形化插图文件量小、加载速度快、色彩丰富、创新性强，因此图形化插图在引导页广告中的使用频率较高。采用图形化插图与精心设计的文字进行组合形成的页面有新意和趣味性，拉近了用户与产品之间的距离，使产品产生亲和力。如图6-8淘宝APP引导页广告，生动形象，通过夸张的小精灵表情突出了"帮你挑好货"的广告语，插图生动、色彩丰富。

图6-8　淘宝APP引导页广告

3.文字与照片的情境渲染

与插图相比，照片的层次丰富、光影变幻多、空间感强，更能营造出真实感。使用照片与广告语结合作为引导页能给用户身临其境的感受，引发用户的更多想象空间以及对产品的向往。图6-9是招商银行信用卡应用中心APP引导页设计，通过宽广、优质的实景照片来传递产品内容，带给用户更真实的视觉感受。

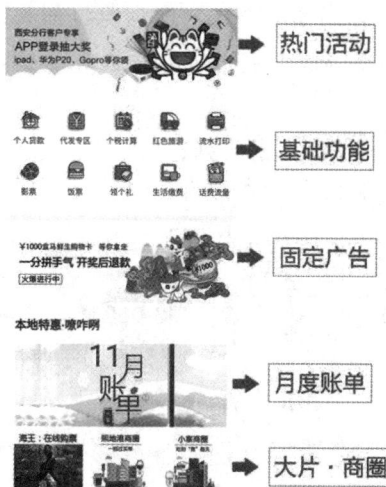

图 6-9 招商银行信用卡应用中心 APP 引导页广告

（二）引导页广告的设计原则

1.文字层次设计

引导页的文字内容在单个页面中不宜过多。通过每一页精练的文字共同阐述一个目的，表达一种诉求。引导页广告的文字可以按照内容进行层级划分，通常会划分为两个层次：主标题与副标题，通过字体、字号、字色进行两个标题的划分。文字层级的划分还能够使版面更加灵活，细节更加丰富。良好的文字层次设计便于用户更好地获取有效信息。

2.视觉聚焦点设计

引导页广告的篇幅受到手机屏幕的影响，绝大多数都是高大于宽的长形，在引导页版面中，多个视觉元素的排布通常采用中心扩散的方式，聚焦点的视觉面积最大，同时与扩散的元素拉开对比。这样用户能清晰地看到核心文案信息与文案对应的视觉表现元素。

视线流动的规律是从上到下，从左到右，从大到小。在实际设计中可以根据这个视线流的规律来进行引导页的设计。在一个版面中，视觉中心位置位于几何中心位置的上方。版面视觉中心是一个版面的黄金位置，通常在这个位置放置最重要的内容。

3.页面滑动指示设计

如果引导页只有一屏，不需要设计滑动指示图标，只需要设计进入按钮，但引导页通常不只有一屏，两屏及两屏以上的引导页需要设计指示图标来提示用户进行翻页。指示图标通常有两个状态：当前浏览页面状态和非当前浏览页状态，当前浏览页的指示图标需要高亮、突出显示，通常通过明度、色彩、大小的变化来进行两种状态的区分。

最常见的翻页指示图标为圆形的排列，放置在引导页的底部中间。图6-10展示了4种以圆形为元素的滑动图标设计。

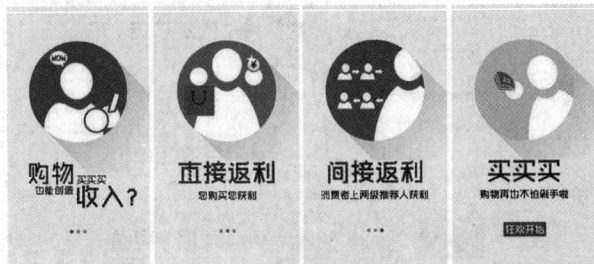

图6-10 引导页滑动图标设计（a）

在指示功能良好的前提下对引导页指示图标进行一些形式上的创新会让页面别致一些，如图6-11中的三种引导页指示图标分别采用了星形、菱形、数字形式。

图6-11 引导页滑动图标设计（b）

4.进入按钮设计

用户浏览了一系列引导页之后就要正式进入产品了，这时通常会在引导页的最后一页设计一个按钮，通过点击按钮进入产品。虽然进入按钮的设计并不是引导页的必备内容，但进入按钮的存在能强化产品的存在感，加深用户对产品的印象。

进入按钮存在的页面分为单热区页面和多热区页面。单热区页面的可点击内容只有一个，通常即进入按钮。多热区页面存在多个可点击内容，有的产品会提供给用户两个以上进入产品的方式，有的产品在页面中还存在一些除进入按钮之外的选项（如进入同时关注微博、更换皮肤）和可阅读的内容（如用户协议、声明等）。

第三节 APP 内部广告

一、闪屏广告

闪屏广告给手机网络广告带来了全新广告体验，在 APP 启动的瞬间手机屏幕全屏快速闪出的广告就是闪屏广告，一些广告公司或广告部门也给这样的广告命名为"开机大屏""开机报头"，例如微博推出的闪屏广告在 IOS 和 Android 客户端上均可投放，单次展示的广告时为 3 秒，每天针对单个 UV 展示一次。

闪屏广告是在用户有意想启动某个应用程序的时候出现，因此用户必须等待和接受。闪屏广告充分挖掘了客户端装机量和用户数之间的关系，是一个看得见，摸得着的黄金广告位置。它符合传统广告主的心理预期，在较小流量的前提下，将视听冲击和文案说服相配合呈现给手机上网用户，丰富了网民的手机上网体验，更有效地传播了广告主的营销信息，广告效果较好。

图 6-12 是某游戏在"酷我音乐"APP 的闪屏广告，设计风格风趣、可爱，通过底部按钮进入游戏页面；图 6-13 是"淘宝"APP 年货专题闪屏广告，采用中国传统节日的代表元素：舞狮、庙会场景作为设计元素，通过"办年货"按钮进入专题页面。

图 6-12 某游戏在"酷我音乐"APP 的闪屏广告

图 6-13 "淘宝" APP 年货专题闪屏广告

图 6-14 是"淘宝"APP 七夕节的专题闪屏广告,通过淡雅温馨的氛围和浪漫的字体设计体现了七夕的主题。

图 6-14 "淘宝"APP 七夕节的专题闪屏广告

二、品牌活动广告

品牌活动广告是传统计算机广告形式的延续,传统的 banner 广告目前也仍然是移动产品最主要的广告形式。这类广告的不足之处是广告的特征很明显,用户容易习惯性过滤此类广告。如果通过优秀的设计,并注重选择恰当的 APP,找到合适的受众群,也能带来不错的效果。

三、植入广告

植入广告是外部品牌和移动 APP 进行深入定制的一种创新广告形式,植入广告在 APP 内只是适度地进行曝光,并不十分惹眼。因为其广告属性不明显,并且通常与 APP 有着某方面的关联,用户不容易反感,能够带来较好的口碑传播。例如图 6-15 中墨迹天气和 adidas 的合作，产品中的天气助手卡通人物是明星的卡通形象，是为 adidas 而精心设计，推广 adidas "Winter Jacket" 冬季系列产品及新形象代言人扩大产品知名度。通过更加生动的品牌代言人植入推广，让 adidas "Winter Jacket" 冬季系列动感时尚起来。利用墨迹天气已有：穿衣助手、生活指数、语音播报、皮肤植入等资源，进行软性品牌广告植入。同时在 adidas 店面海报及户外广告展示位置，体现墨迹天气 logo，实现了双赢推广。寒冷的冬天，在用户经常留意天气的地方，倡导大家进行户外运动，从关怀的角度让用户更加觉得温暖和亲切。

图 6-15　墨迹天气和 adidas 的合作

四、情境导购

情景导购是指针对某个 APP 的使用情境设计的广告形式。由于广告内容与使用情境有着密切的关系，这种广告形式的受众接受程度较高，能够在恰当的场景中让用户自然地关注广告信息，不产生反感，进而转化为购买行为。

比如，在高德地图 APP 中查看周边景点时看到某个感兴趣的景点有门票团购，可以享受优惠，于是进行点击购买；通过导航找饭馆时，发现了团购优惠的折扣，进行点击购买。

第四节　信息流广告

信息流广告是在微博、微信插入广告，定时投放，在用户访问自己的微博、微信时能够看到相关的广告动态，点击之后即可链接到外部网页。移动终端的信息流广告属于原生广告的一种。随着 HTML 语言的发展和升级，利用 HTML5.0 技术制作的宣传广告有着很好的动画效果，同时具备良好的交互性和用户参与感。由于广告形式的创造性和较好的视觉感受，用户更加愿意将广告内容进行分享和传播，这种主动的传播方式是传统广告不具备的。在社交 APP 中发布信息流广告，通过 HTML5.0 技术进行呈现，这样的新兴广告形式逐渐占据了移动终端广告的主体内容，这种不易受到用户反感、能够引起用户兴趣的广告越来越受到广告主的青睐。

"大众点评"APP 联合电影《一步之遥》在微信推出的信息流广告，通过"做题"的形式进行页面的跳转，从而推出电影的预告广告，达到宣传电影、促使消费者通过大众点评 APP 购买电影票的目的。广告页面紧紧围绕电影荧幕的特征进行表现，层次丰富、纹理质感强、光影效果和大方的低饱和度色彩搭配让整个视觉显得厚重、精致。最后一个页面的购票、分享按钮实现了广告的联动效应，直接购买、立即传播，借着电影的话题进行了 APP 产品的推广。

大众点评 APP 的另一款信息流推广广告，从人与人之间的情感入手，通过丰富的动画效果吸引用户的眼球，竖排版方式及精细的文字字形、质感设计体现了广告的品质感，广告内容能够唤起用户的共鸣，提升品牌的信任度和亲和力，在欣赏广告之余下载 APP 产品，点击分享按钮进行传播。

"大众点评"APP 推出的"父子照相馆"专题信息流广告。广告页面采用亲切、白话的对话展开，在字体、背景及设计元素的表现上使用了稚拙的手绘风格，采用 HTML5.0 设计出了动画效果。看习惯了扁平化设计和规则的几何形设计之后，这样的页面效果让人感到温暖而友好。

京东商城推出的母亲节专题信息流广告，广告主题为"妈妈再打我一次"，通过顽皮的孩子与负责的母亲之间的"斗争"为线索，提供多个选项供用户选择，广告交互性和动画效果让看过的人愿意主动再次转发、传播。广告的最后一个页面打出亲情牌："妈妈老了，打不动你了"并提供跳转到京东商城购买母亲节礼物的链接。

第五节 互动游戏广告

单纯、被动地接受广告信息是传统媒体广告的弊端，在移动终端的网络广告中能够通过趣味游戏达到广告的目的，既增强了用户的参与感又提升了品牌的知名度，在游戏中长时间、多方位地对用户产生印象。一些大品牌会开发自己的APP，以游戏形式将用户、移动 APP、环境互动起来，达到品牌传播的目的。

一、APP 游戏广告

milka 饼干为宣传产品推出了一款能够在多个手机屏幕间跳转的手机游戏，该游戏以饼干为主要角色，支持多人共享，在游戏的乐趣中深深地植入了品牌。

二、APP+AR+LBS 移动广告

APP+AR+LBS 移动广告营销除了能够增强用户与应用广告的互动体验，还可以连接线上（online）线下（offline）之间的关系，将广告的空间扩展到另一个虚拟的世界，变被动的广告展示为主动发现。例如 "butterfly" 是一个有趣的捉蝴蝶应用，使用 AR 运用运动传感器和 GPS 功能，用 iPhone 捕捉虚拟蝴蝶，通过抓蝴蝶收集优惠券。在日本，用户可以在不同地域抓到不同品种的虚拟蝴蝶，捕捉蝴蝶的同时还能获得折扣优惠券，搜集蝴蝶的同时也收集了更多的优惠券和多种多样的商业信息，对旅游业和餐饮业来说是一个完美的宣传平台，通过优惠券成功地将 APP 跟商业营销结合起来。

MINI（宝马迷你）的 Getaway Stock holom APP 是 MINI 在斯德哥尔摩城市某处设置一台虚拟的 MINI 系列最新款的四门、四驱 Country Man 轿车，参与者先下载 APP，通过 APP 查看虚拟的 MINI 所在的位置去完成 Country Man 轿车发布的核心主题 "Get away（逃离）"，下载了 APP 的用户都可以来抢夺这辆虚拟的 MINI。最后一个抢到并保留这辆虚拟 MINI Country Man 的参与者可以获得一辆真实的 Country Man 作为奖励。

New Balance 为庆祝纽约新旗舰店开业，发起了一场城市短跑接力活动，利用 App "Urban Dash"，让消费者寻找分布在纽约数百个虚拟点的接力棒，找到接力棒并最先跑到旗舰店即可获得 New Balance 鞋子一双，该接力棒也可以被其他玩家抢走，该活动更符合运动品牌的精神。

APP+AR+LBS广告营销现在尚处于探索状态，但因为它重新开辟了一个虚拟世界，未来势必将会是移动应用广告模式非常重要的一部分，在购物、旅游、移动社交、房产信息、游戏要素等领域都有很大的应用前景。

三、手机网页游戏广告

基于手机网页的小游戏在手机网络广告中的应用非常普遍，通过完成某项任务获得奖励、用于消费或提现是手机网页游戏广告的常用手段。

第六节　移动网站广告

移动网络的发展使移动终端的互联网用户迅速增长，主流媒体、电商都进行了基于移动终端网站的搭建。移动网站广告的存在主要以网幅广告为主，在策划和设计时要注意以下几点。

一、布局清晰合理

合理安排广告语、广告元素的位置关系，做到诉求集中、元素适当、取色合理。避免取色多变，元素过多，诉求杂乱，注重突出最核心的表达内容，把最需要表达的内容明朗地表达出来。

图6-16　手机促销广告

二、与用户关注内容的契合度

用户感兴趣的内容会获得更高的点击率，如何从移动终端各式各样的网络广告中脱颖而出需要从文案和设计两个角度来体现广告的主题内容。将用户最关心的内容、话题作为设计点，力图在最短时间引起消费者的兴趣。

三、得体的图文关系

一般认为广告语在 8 ～ 12 个字以内最易记，而图像比语言的力量更强大，大约是语言力量的 16 倍，因此，移动广告在有限的篇幅内设计好图文关系尤为重要。

第七节　二维码广告

二维码广告日益成为移动电子商务应用的核心功能，二维码广告不受时间和空间的限制，在任意时间、地点拍下二维码就可以获取对应的信息和操作，极大地提高了广告曝光率。二维码还能够实时、精准地获取用户的扫码信息，统计每一个用户拍码行为及拍码后的动作，从而利用统计数据分析出最优投放效果，更好地评估网络广告效果。

二维码广告需要用摄像头扫描并解码后才会呈现隐藏的信息，这一特性能够引发用户的好奇心，使其参与互动。

Heineken 啤酒曾在音乐节上发放印有二维码的贴纸，领取人留下简单、个性的个人介绍被输入电脑，每一个想认识新朋友的人可以用手机拍下对方身上的二维码，为交谈准备一个不突兀的开场白。Heineken 在四天时间里发放了超过 5000 张贴纸，扩大了产品的知名度。

零售商 JC Penney 为消费者提供个性化礼品——在礼物上添加二维码印章。从任意一家 JC Pemiey 商店购买礼物后，消费者都可以获得一个"圣诞标签（Santa Tag）"以及相应的二维码。扫描该二维码后，赠予人可以为接收人录制一段个性化的语音信息，然后把该标签像礼品卡一样贴在包装上。

图 6-17　二维码广告

移动互联网已经处于爆发阶段，移动广告的发展相对于移动互联网的发展尚有滞后，因此移动互联网广告市场潜力是巨大的，新颖广告模式会在未来获得更好的探索、发展和应用（图 6-17）。

第七章 新媒体时代下网络广告的测评与监管

第一节 网络广告的测评指标

网络广告测评有助于广告客户了解网络广告的实效或受众的需求，进而以更优的产品、更好的服务来吸引目标受众，是广告活动中极为重要的一环。

一、网络广告测评的概念

网络广告测评具体指对网络广告传播效果的测评。网络广告活动实施以后，根据一定的方法和指标，采用一定的操作程序，通过对广告活动过程的分析、评价，进行确定的数量化测算，以检验广告活动是否取得预期效果。广告主通常都追求最具性价比的投入，都希望通过网络广告达到尽可能高的收益，因此网络广告测评在网络商务活动中越来越受到重视。

二、网络广告测评的特点

由于网络广告平台的技术成熟和可控，网络广告的测评更具有可操作性。网络广告测评具备技术上的优势，有效克服了传统媒体在测评方面的不足，主要特点包括如下一些。

（一）及时

网络的交互性使得上网者（现实消费者或潜在消费者）可以在浏览访问广告站点时直接在线提交意见、反馈信息，能够在线发送 E-mail 或是利用邮件列表发送信息，提供反馈。广告主则可以立即了解到广告信息的传播效果和受众的看法，在更短的时间内能了解受众需求，并与之进行交流。这种优势使得网络广告测评不仅及时而且直观。

（二）客观

网络广告效果测评不需要更多人员参与访问，避免了调查者主观意向对被调查者产生影响。因而得到的反馈结果更符合被调查者本身的感受，信息更可靠更客观。

（三）广泛

网络广告效果测评能够在网上大面积展开，参与调查的样本数量大，针对性强，测评结果的正确性与准确性大大提高。

（四）经济

相对传统媒体而言，网络广告效果测评成本低，耗费人力物力少，费用最低，这是网络广告测评的最大优势。

三、网络广告测评的常用指标和相关概念

（一）网络广告测评的常用指标

1. 广告展示量

网络广告的一次显示，称为一次展示，以此为统计单位统计网络广告的总体显示数据为广告展示量。统计周期通常有小时、天、周和月等，也可以按需设定。被统计对象包括 Flash 广告、图片广告、文字链广告、软文、邮件广告、视频广告、富媒体广告等多种广告形式。展示量一般为广告投放页面的浏览量，通常反映广告所在媒体的访问热度。网络广告展示量的统计是网络广告 CPM 付费的基础。

2. 广告点击量

网民点击广告的次数，称为广告点击量。统计周期通常有小时、天、周和月等，也可以按需设定。被统计对象包括 Flash 广告、图片广告、文字链广告、软文、邮件广告、视频广告、富媒体广告等多种广告形式。广告点击量与产生点击的用户数（多以 cookie 为统计依据）之比，可以初步反映广告是否含有虚假点击。广告点击量与广告展示量之比，称为广告点击率，该值可以反映广告对网民的吸引程度。网络广告点击量通常反映广告的投放量，广告点击量统计是 CPC 付费的基础。

3. 广告到达率

广告到达率指网民通过点击广告进入被推广网站的比例。统计周期通常有小时、天、周和月等，也可以按需设定。被统计对象包括 Flash 广告、图片广告、文字链广告、软文、邮件广告、视频广告、富媒体广告等多种广告形式。广告到达

量与广告点击量的比值称为广告到达率，广告到达量是指网民通过点击广告进入推广网站的次数。广告到达率通常反映广告点击量的质量，是判断广告是否存在虚假点击的指标之一。广告到达率也能反映广告登录页面的加载效率。

4. 广告二跳率

广告二跳率是通过点击广告进入推广网站的网民，在网站上产生了有效点击的比例。统计周期通常有小时、天、周和月等，也可以按需设定。被统计对象包括 Flash 广告、图片广告、文字链广告、软文、邮件广告、视频广告、富媒体广告等多种广告形式。广告带来的用户在着陆页面上产生的第一次有效点击称为二跳，二跳的次数即为二跳量。广告二跳量与广告到达量的比值称为二跳率。广告二跳率通常反映广告带来的流量是否有效，是判断广告是否存在虚假点击的指标之一。广告二跳率也能反映广告登录页面对广告用户的吸引程度。

5. 业绩增长率

对一部分直销型电子商务网站，评估他们所发布的网络广告最直观的指标就是网上销售额的增长情况，因为网站服务器端的跟踪程序可以判断买主是从哪个网站链接而来、购买了多少产品、什么产品等情况，对于广告的效果有直接和准确的评估。

6. 广告转化率

广告转化率指通过点击广告进入推广网站，访问者升级为注册用户或购买用户的比例。统计周期通常有小时、天、周和月等，也可以按需设定。被统计对象包括 Flash 广告、图片广告、文字链广告、软文、邮件广告、视频广告、富媒体广告等多种广告形式。转化标志一般指某些特定页面，如注册成功页、购买成功页、下载成功页等，这些页面的浏览量称为转化量。广告用户的转化量与广告到达量的比值称为广告转化率。广告转化量的统计是进行 CPA（cost per action，即每次行动的费用，根据广告转化收费，如按每张订单、每个注册用户收费）、CPS（cost per sale，即按广告带来的销售额收费）付费的基础。广告转化率通常反映广告的直接收益。

（二）网络广告测评的相关概念

1. 访问

上网者进入站点对服务器进行系列的请求就形成访问。一个网络用户访问某站点的时间长度称访问长度。与之相关的概念还有如下几点。

页面浏览：指上网者对页面内容的访问。

页面浏览数：某一个服务器成功传递的页面被请求的数量，通俗地说，就是浏览某一页面的人次，又称页面流量、访问流量。页面浏览数不能用来判断上网者看到的一个页面上的确切的信息量，因为上网者进入某一个页面，可以关掉图片显示，甚至根本没有看到页面上的某些内容（包括标题广告）。

2. 访问者

访问者即一个与网站有交互操作的个人，通俗地说，就是访问某一网站的用户，又称访客。当网站收集了访问者的详细资料（比如姓名、年龄、性别、职业、收入、访问频率、访问路径）时，访问者对广告主的价值就增加了。相关的概念有"唯一访问者"。唯一访问者是指在一特定时间内第一次进入网站，具有唯一访问者标识（唯一地址）的访问者，这一特定时间一般为一整天。

3. 广告浏览数

广告浏览指上网者观看网页页面中的广告。广告浏览数即某一页面上的某一广告可能被看到的人次，又称广告印象数。由于许多页面不止一个广告，广告可能位于页面的最上方，也可能位于页面的其他位置，因此一个站点的广告浏览的总数要比页面浏览总数要大。

4. 点击与点击率

上网者用鼠标单击一个热键的标题或按钮，进入到另一个页面（通常是广告主的页面），称为点击。点击率是指受众中不满足于浏览广告，想了解更多信息进一步点击广告的人所占的比例。现有的网络技术对这一部分受众的比例很容易统计。点击率是网络广告效果最基本的评价指标，也是反映网络广告效果最直接、最有说服力的量化指标。

5. 回应率与购买率

回应率又称交互率，指受众中点击广告、到达目的页面之后做出反应的人的比例，显示的是点击者对页面所介绍的产品的兴趣有多大。对广告主来说，回应率比点击率更重要，因为回应常常意味着购买行为的产生，回应率可作为辅助性指标来评估网络广告的效果。购买率是指受众中受广告影响进而采取购买行动的人有多少，由于受众可以是离线购买也可以是在线购买，因此较难统计。

第二节 网络广告的测评方式

一、网络广告效果测评的分类

（一）网络广告效果评估的原则

进行评估工作必须遵循一定的原则，这些原则是贯穿整个工作过程的指导思想，所以是非常必要明确的。同样，网络广告的效果评估工作也要遵循特定的原则。

相关性原则。相关性原则要求网络广告的效果测定的内容必须与广告主所追求的目的相关，DAGMAR（Define Advertising Goals for Measured Advertising Results）方法是这一原则的很好体现。举例说来，倘若广告的目的在于推出新产品或改进原有产品，那么广告评估的内容应针对广告受众对品牌的印象；若广告的目的在于在已有市场上扩大销售，则应将评估的内容重点放在受众的购买行为。

有效性原则。评估工作必须要达到测定广告效果的目的，要以具体的、科学的数据结果而非虚假的数据来评估广告的效果。所以，那些掺入了很多水分的高点击率等统计数据用于网络广告的效果评估中是没有任何意义的，是无效的。这就要求采用多种评估方法，多方面综合考察，使对网络广告效果进行评估得出的结论更加有效。

（二）网络广告效果评估的内容及指标

我们知道，广告的根本目的是在于促成消费者购买产品，但是由于网络广告的作用是一项缓慢的过程，其效果也不仅仅表现为销售效果，因此应把广告的传播效果、经济效果以及社会效果几方面综合衡量，并按照网络广告活动过程分阶段进行评估。

（三）网络广告传播效果评估的内容及指标

广告除了具备复合性的特点之外，还具备阶段性的特点。这是因为广告对于广告主来说最终目的是促进产品的销售，但是这个广告目的不可能一步实现，中间势必要经过几个阶段。于是有人针对这一广告传播的阶段性过程提出了"AIDA公式"（AIDA For mula），它指的就是潜在消费者从接触广告开始，一直到完成某种消费行为的几个动作，具体阶段如下：

A（Attention）注意→I（Interest）兴趣→D（Desire）欲望→A（Action）行动

与传统广告相比，网络广告在传播渠道上发生了变化，广告的表现方式也不一样，但是，广告基本的"AIDA 公式"却仍是值得遵从的法则。广告主可以依据不同的广告目的，用"AIDA"来检验网络广告的效果。

广告的 AIDA 的每一个阶段都可以作为网络广告传播效果评估的内容，这与评估指标的对应关系如下。

Attention 注意：Advertising Impression 广告曝光次数（媒体网站）

Interest 兴趣：Click&Click Through Rate（CTR）点击次数与点击率（媒体网站）

Desire 欲望：Page View 网页阅读次数（广告主网站）

Action 行动：Conversion&Conversion Rate 转化次数与转化率（广告主网站）

1. 广告曝光次数（Advertising Impression）

广告曝光次数是指网络广告所在的网页被访问的次数，这一数字通常用 Counter（计数器）来进行统计。假如广告刊登在网页的固定位置，那么在刊登期间获得的曝光次数越高，表示该广告被看到的次数越多，获得的注意力就越多。但是，在运用广告曝光次数这一指标时，应该注意以下问题：

首先，广告曝光次数并不等于实际浏览的广告人数。在广告刊登期间，同一个网民可能光顾几次刊登同一则网络广告的同一网站，这样他就可能看到了不止一次这则广告，此时广告曝光次数应该大于实际浏览的人数，并不相等；还有一种情况就是，当网民偶尔打开某个刊登网络广告的网页后，也许根本就没有看上面的内容就将网页关闭了，此时的广告曝光次数与实际阅读次数也不相等。其次，广告刊登位置的不同，每个广告曝光次数的实际价值也不相同。通常情况下，首页比内页得到的曝光次数多，但不一定是针对目标群体的曝光，相反，内页的曝光次数虽然较少，但目标受众的针对性更强，实际意义更大。第三，通常情况下，一个网页中很少刊登一则广告，更多情况下会刊登几则广告。在这种情形当网民浏览该网页时，他会将自己的注意力分散到几则广告中，这样对于广告主的广告曝光的实际价值到底有多大我们无从知道。总的来说，得到一个广告曝光次数，并不等于得到一个广告受众的注意，只可以从大体上来反映。

2. 点击次数与点击率（Click&Click Through Rate）

网民点击网络广告的次数就称为点击次数。点击次数可以客观准确地反映广告效果。而点击次数除以广告曝光次数，就可得到点击率（CTR），这项指标也可以用来评估网络广告效果，是广告吸引力的一个指标。如果刊登这则广告的网页的曝光次数是 5000，而网页上的广告的点击次数为 500，那么点击率是 10%。

点击率是网络广告最基本的评价指标，也是反应网络广告最直接、最有说服力的量化指标，因为一旦浏览者点击了某个网络广告，说明他已经对广告中的产品产生了兴趣，与曝光次数相比这个指标对广告主的意义更大。不过随着人们对网络广告的深入了解，点击率这个数字越来越低。因此，在某种程度上，单纯的点击率已经不能充分反映网络广告的真正效果。

3. 网页阅读次数（Page View）

浏览者在对广告中的产品产生了一定的兴趣之后进入广告主的网站，在了解产品的详细信息后，他可能就产生了购买的欲望。当浏览者点击网络广告之后即进入了介绍产品信息的主页或者广告主的网站，浏览者对该页面的一次浏览阅读称为一次网页阅读。而所有浏览者对这一页面的总的阅读次数就称为网页阅读次数。这个指标也可以用来衡量网络广告效果，它从侧面反映了网络广告的吸引力。广告主网页阅读数次数与网络广告的点击次数事实上是存在差异的，这种差异是由于浏览者点击了网络广告而没有去浏览阅读点击这则广告所打开的网页所造成的。目前由于技术的限制，很难精确地对网页阅读次数进行统计，在很多情况下，就假定浏览者打开广告主的网站后都进行了浏览阅读，这样的话，网页阅读次数就可以用点击次数来估算。

4. 转化次数与转化率（Conversion&Conversion Rate）

网络广告的最终目的是促进产品的销售，而点击次数与点击率指标并不能真正反映网络广告对产品销售情况的影响，于是，引入了转化次数与转化率的指标。

转化率最早由美国的网络调查公司 Acknowledge 在《2000 年第三季度网络广告调查报告》中提出的。"转化"被定义为受网络广告影响而形成的购买、注册或者信息需求。那么，我们推断转化次数就是由于受网络广告影响所产生的购买、注册或者信息需求行为的次数，而转化次数除以广告曝光次数，即得到转化率。

网络广告的转化次数包括两部分，一部分是浏览并且点击了网络广告所产生的转化行为的次数，另一部分是仅仅浏览而没有点击网络广告所产生的转化行为的次数。由此可见，转化次数与转化率可以反映那些浏览而没有点击广告所产生的效果，同时，点击率与转化率不存在明显的线性关系，所以出现转化率高于点击率的情况是不足为奇的。

但是，目前转化次数与转化率如何来监测，在实际操作中还有一定的难度。通常情况下，将受网络广告的影响所产生的购买行为的次数就看作转化次数。

（四）网络广告心理效果测评指标的分类

1. 感知程度的测评指标。该指标主要用于测评广告的知名度，即消费者对广告主及其商品、商标、厂牌等的认识程度。该指标可分为阅读率和视听率两类，阅读率指标可以细分为注目率、阅读率、精读率；视听率指标又可分为视听率和认知率，感知程度的测评，一般宜在广告的同时或广告后不久进行，以求得测评的准确性。

2.记忆效率的测评指标。该指标主要是指对广告的记忆度，即消费者对广告印象的深刻程度，是否能够记住广告内容（品牌、特性、商标等）。消费者对广告内容记忆效率的高低，反映出广告策划的水平及影响力，广告要获得较好的传播效果，就必须提高人们对广告信息的记忆效率。

3.思维状态的测评指标。消费者对广告观念的理解，是消费者对广告思维状态的反映，也是对广告反映事物的本质掌握。思维状态的测评，即是测评消费者对广告观念的理解程度与信任程度。

4.情感激发程度的测评指标。好感度是测评情感激发程度的主要指标，又称为广告的说服力。主要是指人们对广告所引起的兴趣如何，对广告的商品有无好感。好感的程度包括消费者对广告商品的忠实度、偏爱度以及品牌印象等。

5.态度倾向的测评指标。广告是一种信息传播手段，旨在影响消费者对某种产品、某个品牌、某生产厂家的态度倾向。对于态度倾向的测评，主要包括购买动机和行动率这两项指标，购买动机是测评广告对消费者购买行为的影响，即了解消费者购买商品是随意的还是受广告的影响。行动率有两方面内容：由广告引起的立即购买行为和由广告唤起的潜在购买准备。

（五）影响广告效果测评的不利因素

可以说，广告业经过长期的发展，已经掌握了一套比较完备的广告效果测评体系，但是，问题依然不少，广告效果测评仍难尽人意，这主要表现在以下几个方面。

1.广告的推移性影响了广告效果测评

广告效果具有时间推移性，因此广告对消费者的影响是很不一致的：对有些消费者可能快一些，对另外一些消费者可能就慢一些。广告对消费者的影响程度，受到很多因素的制约，诸如社会环境、经济条件、文化习俗等等，一般来说，广告是短暂的、瞬间即逝的，虽然广告的受众很多，但是能马上采取行动购买商品的人并不多，即使有些消费者产生了购买欲望，但由于各种原因，如旧的还没有用完，或暂时钱不够等，也没有购买，那么经过一段较长的时间后，购买条件具备了才可能实施购买。广告效果的这种时间推移性使测评广告效果变得十分困难，你必须准确地掌握广告效果的时间周期，区别广告的即效性和迟效性，而这在实际工作中是很难准确无误地做到的，当你测评的时间不对时，你很可能把一个优秀的广告给抹杀掉。

2.广告效果的积累性对广告测评也有影响

众所周知，广告效果具有积累性。广告常常是连续的、反复地进行的，因为企业或广告主明白，单单一次或一小段时间的广告，一般效果不会很明显，而通过反复的广告宣传，即便消费者没有购买行为，广告也在消费者心理产生了影响，即广告效果正处于积累时期。最后，强化影响的结果是一个质的飞跃，促成消费者购买，但是，这种连续的、反复的广告效果测评很难分清是这一次的广告效果，还是那一次的广告效果，即使广告业发展到今天，这种测评也是困难的。

既然不能精确地测评出一次广告的效果，也就不能精确地告知广告主应该做多少次广告才能达到预期效果。广告主也就只好不停地、反复地做广告了。对于那些财力薄弱的小企业来说，只好望洋兴叹了。

3.广告效果的间接性影响了广告测评结果

众所周知，广告效果除了具有积累性外，还有间接性。即消费者在使用中对商品的质量和功能有一个全面的认识后，对该商品产生信赖感，并重复购买；或者消费者对某一商品的信赖感由此及彼，向亲朋好友推荐，扩大了广告的宣传效果；再次，消费者虽然自己没有购买广告宣传的商品，但他已接受广告的宣传，并向有购买倾向的亲朋好友们推荐。不管是以上哪几种形式，都对广告效果的测评产生不利影响。因为以上几种广告效果的间接特性对我们来说容易理解，但对于广告的效果测评来说，就很不容易把握了。

4.国内网络广告效果的问题

从广告主的角度来说，广告效果难以保证，因特网的规模、用户分布、上网习惯、网站的访问率、热门的网页与栏目、访问繁忙时段等参数是客户投放广告的基本依据，但是中国至今尚无标准的网站访客统计及分析系统，也无一家专业权威的审计机构来公正地评估诸多网站的访客流量，并提出一个通用可信的统计标准。大大小小的网站自报"佳绩"，运用类似点击数（Hits）等不具有商业价值的参数作为网站访问量，让客户对网站优劣难辨，点击数实际上是从一个网页上提取的信息点的数量，网页上的每一个图标、链接点都产生点击，所以一篇网页的一次被访问由于所含图标数量、浏览器设置的不同，可以产生多次 Hits，这样报出的"天文数字"，容易引起广告主的不信任。

5.收集反馈与效果评估

广告代理商可经由不同渠道传达信息给消费者。比如，将广告发布在与产品对路的网站内，同时向相关的公司、个人发布广告邮件，建置一个人们感兴趣的讨论区，借由这些不同的管道，积极地寻求消费者的回应，吸引他们参与互动，建立起许多不同形式的资料库，广告主十分关心他们的广告效果，传统的广告采用调查消费者态度和行为反应的方式来追踪其效果，那么，网络广告主运用什么来测量在线广告运动的效果呢？ MBInter active 最近研制出一套系统的研究方法，能够用于跟踪所有主要的网上行销传播活动，它使"跨媒介"的洞察成为可能，并有助于广告主改善他们的营销沟通组合来提高投资报酬率，目前，国内还缺乏上述议题的精确研究，而这些议题对一个品牌的成功是相当重要的。

因此，制定一套标准的方法和程序，对网络广告效果做出评估，看看是否达到预定目标，总结广告运动的经验与教训，同时对消费者的反馈做出积极回应，是国内网络广告发展到一定阶段必然要解决的问题。

当然，正是因为有上述不足，广告效果测评工作就更需要我们努力去做，只有逐步克服上述不足，才会真正让广告主满意，进而增加其广告投入。

二、网络广告效果测评模型构建

（一）网络广告效果测评内容

广告效果，就是广告发布后产生的作用和影响。一般情况下，广告效果可以分为心理效果和销售效果。所谓广告的心理效果，指的是目标受众对广告而产生的感知、情感、理解、情绪等心理上的作用和影响。例如，观众观看了某产品的电视广告后，觉得拍得很美，该企业很有内涵等。销售效果指的是广告所带来的销售量增加、市场占有率增大等销售层面上的提升。例如，王老吉的广告，让其销售额急剧增长。

许多时候，人们只关注广告的直接销售效果，而漠视广告的心理效果，不注重广告的美誉度，认为广告的直接目的就是产生更多的销量。其实，广告要实现销售效果增加这一目的经常取决于广告的心理效果，如果消费者心理对广告没有直接的好感，广告在消费者心目中没有留下深刻的印象，消费者也不会有冲动去购买该产品。所以，研究广告效果还应该从其心理效果，也就是消费者的心理层面上入手才会更有意义。从 20 世纪初，人们就开始对消费者的心理进行广泛研究。直至如今，各种各样的广告效应模式被学者们提了出来，其中被最多人接受的是 AIDA 模式，也即是 Attention（注意）、Interest（兴趣）、Desire（欲望）、Action（行动），广告首先应该引起消费者的注意，形成心理效果，最终消费者将购买欲望付诸行动，形成销售效果，其过程正如图 7-1 所示。

消费者行为研究——AIDA 模型

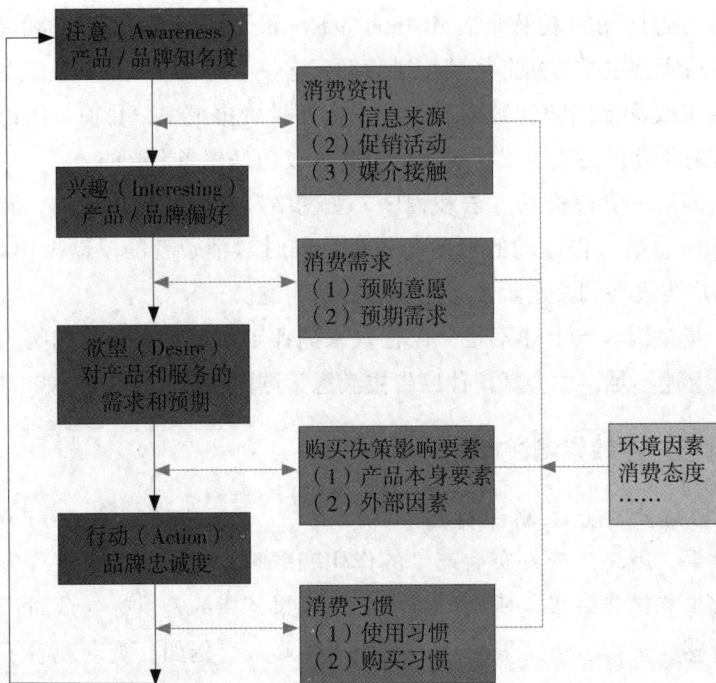

图 7-1　AIDA 模式

（二）网络广告效果的评价指标体系

如何对网络广告进行评价，是值得我们注意的重要问题。它的关键点在于是否能有一个科学合理的评估指标体系。针对网络广告的特殊性，它的效果的评价指标可以分为三个不同的层次：测评向度、基本指标和修正指标。测评向度并不区分网络广告和传统媒体广告，他们有统一的"方向性"测评标准。而基本指标则考虑了网络广告的特殊环境，所谓的修正指标只要是对基本指标进行修正，让它更加趋向于现实情形。具体可以从如下三方面去分析。

1. 测评向度

根据 AIDA 模式，消费者的心理进程表现为注意、兴趣、欲望和行动，我们以此来评价网络广告的效果则表现为：

（1）注意度（Attention）

广告只有被注意，才会进入受众的视野，继而产生广告的响应效果，如果受众根本没有注意到广告，那么广告就不会有任何的作用效果。现代人的生活节奏比较快，大家的注意力也比较有限，很多广告即使大家看过可能也不会有什么印象，人们只会去关注一些自己关心的又或者有新意、有吸引力的信息。所以，网络广告的效果评价，就需要了解受众的注意度问题，看它能吸引多少人的注意。

一般来说，广告投放的目标受众的数量、类型决定着广告的注意度，对于网络广告来说，所投放的网页的不同会影响到它的注意度，访问量巨大的门户网站注意度会很高，专业类型的网页，可以吸引某些专业人士的注意。

（2）认知度（Cognition）

注意到了广告的受众，对广告的理解程度往往也不尽一样，有的只是初步浏览知道有这么一个更广告；有的受众会比较感兴趣，继而还会更进一步去了解广告的具体内容，所以受众对广告的认知度也不一样。认知度高的会认真阅读并理解广告的具体内容，广告内容深深地印记在他们的脑海里。

传统媒体的认知度评价通常要测试受众的记忆率、理解率等指标，这对于网络广告来说，存在比较大的困难。相比之下，网络广告会利用广告的点击数量来评价广告的认知程度。

（3）交互度（Interactive）

交互度是网络广告所特有的效果评估方式，因为在传统媒体背景下的广告，受众与商家进行交互活动存在较多的障碍，又或者成本较高。例如在传统平面媒体上的广告，很多只是一幅图片上作简单的文字说明，人们很难与商家进行沟通交流，交互难以实现。

与之相反，网络广告则给予受众与商家较为方便的交互途径，因为很多网络广告都隐藏链接，只要你点击广告，便会接通商家的网站，在更进一步了解广告信息的同时，还可以在网站上留言发表意见，提高交互度。交互程度越高，受众与商家的沟通越顺畅，受众的消费欲望就会越强烈。所以，交互度也可以用来进一步评价受众消费行动的可能性程度，是网络广告效果评价标准之一。

（4）行动度（Behavior）

虽然我们注重广告的心理效果，但是广告的销售效果是其最终的目的，如果广告只产生心理效果而没有销售效果，那么这个广告也没有达到其最终目标。所以，行动度也就是评价受众是否将对广告的心理效果转化为行动。传统媒体的行动度评价是通过商品的销售量、市场占有额度等指标来衡量它的行动度的。但这种方式也具有片面性，因为商品的销售结果是多方面因素导致的，将其全部成果归功于广告不太合理。对于网络广告来说，信息记录比较便捷，通过统计点击广告后完成的在线交易来评价行动度，相比于传统媒体来说要更直接、更准确。

2.基本指标

通常在网络广告效果测评中，主要以如下几种指标作为效果测评依据。

（1）页面访问次数（Page Visits）

网页计数器可以统计网页被客户访问的次数，如果该页面登载有广告，那么页面访问次数可以反映广告被访问的数量，得出其被注意的程度。在登载广告的某一期间段，页面获得更多的访问数量，那么广告就越被大众所注意。但是，页面浏览并一定能全面地反映广告的注意度，因为很多访问网页的用户并不必然会留意到该广告，所以还需要结合其他指标来参考。

（2）广告点击次数（Advertising Clicks）

广告点击率是网络广告最基本的评价指标。一般来说，用户点击广告就是为了了解该广告的详细内容，所以广告的点击数可以作为其认知度的参考，也是衡量网络广告是否被大众接受的最直接的量化指标。用户对网络广告点击越多，表示他们对广告内容越感兴趣，反之亦然。但是，单纯的点击次数同样也不能完全反映用户接受并了解该广告，因为误击、恶意点击的存在，有的广告甚至做了一定的伪装，恶意骗取大众的点击率，这些点击次数都不能反映广告在受众心目中能够产生实际效果。

（3）顾客交互次数（Customer Interactive）

顾客与商家进行沟通，次数越多说明其越有了解广告内容的欲望，包括注册会员、填写问卷、在线留言等。顾客与商家之间的交互，更能够反映网络广告的实际成效，因为交互行为普遍是在阅读了解广告的基本内容之后做出的。

（4）顾客购买次数（Customer Actions）

顾客阅读广告之后购买产品，说明广告收到了销售效果。顾客的购买行为说明广告的最终目的得到实现，购买次数越多，广告的销售效果越好。所以，顾客购买产品的次数是评价广告的最终指标，是很有说服力的。

3.修正指标

从以上四个基本指标的介绍来看，一般都可以用来评价网络广告的效果，但是每个指标又有其相对的不足。从网页浏览次数来看，用户访问网页并不都会看到页面上的广告，有时即使看到了也不会了解它的主要内容。从网络广告的点击度来说，用户点击了广告也并不必然反映用户的认知度。所以，我们需要设置一些修正指标，在网页浏览次数和广告点击数外探寻一些能够影响到广告的认知效果的其他因素，诸如广告的格式、位置、浏览时间和网页的浏览时间等等，这四个因素作为基本指标的补充，让网络效果评价更加科学合理。

（1）广告位置（Advertising Position）

我们知道，广告发布商对广告刊登的位置不同会收取不同的费用，因为不同的位置对受众的吸引程度就会不一样，页面顶端的巨幅广告很容易会引起用户的注意，页面底端的小方块则容易被大家忽略。所以，广告的位置也应该是评价广告效果的参考指标。在评价广告效果的时候，我们有必要将网页中的广告进行位置量化，位置的不同其对应的评分也不同。其中顶端的分值最高，左右侧其次，底端最低，在具体评估操作时，还可以更细化。

（2）广告格式（Advertising Format）

互联网上的广告，多媒体应用得比较充分，广告格式多种多样化，有文字、图片、声音、动画、视频等等，其中广告的展示形式还可以是弹窗、悬浮、插画、插页等等。不同格式的广告差别比较大，他们对用户产生的效果也是不一样的，视频广告要比文字广告更能引起受众的注意。我们在对广告效果评价的时候，要对其进行量化，不同格式赋予其不同的分值标准。

（3）页面平均浏览时间（Page Average Browsing Time）

页面浏览时间指的是用户真正打开网页在浏览的时间，网页的最小化或者关闭都不能计算在其中。而平均浏览时间说的是所有用户浏览某一页面所用的时间的平均值。用户在网页上停留的时间越长，他越能注意到页面上的广告，所以，页面浏览时间可以作为衡量网络广告认知效果的一个评价参考因素。

同样，页面浏览时间也需要进行量化，不同的时间赋予不同的评分标准，这样在评价总结时才能更直观地反应网络广告的效果。

（4）广告平均浏览时间（Advertising Average Browsing Time）

用户在广告上停留的时间越长，对广告的认知度就越高。网络广告作为一个单独的载体，也可以通过计算其平均浏览时间来评估广告所收到的效果。见表7–1。

表7–1　网络广告效果测评的指标体系

测评向度	基本指标与参考指标
注意度	访问次数／千人数
	广告位置
	广告格式

测评向度	基本指标与参考指标
	页面平均浏览时间
认知度	广告点击次数
	广告平均浏览时间
交互度	顾客交互次数
行动度	顾客购买次数

（三）网络广告效果综合评估分析方法

其实单个的广告评估测评方法，难以全面客观地反映网络广告所收到的实际成效。针对网络广告多面性的特征，我们可以考虑采用综合评估的方法来评价网络广告的成效。综合的评估方法也就是将多种评估方法结合起来，全面衡量仔细分析。

至于权重如何进行配置，应该从整个评价体系整体去考量，看各个信息对广告效果的影响。例如，不同的广告类型、商品性质、销售途径等也会影响着各部分因素的权重。

在现实生活中，要评估注意度、认知度、交互度以及行动度这些指标，可以通过点击数量、访问数量以及交互程度来分析。但是，由于四个基本指标会存在偏差，会导致整个广告评价结果的不接近真实情况，所以需要做出相应的修正。为了让修正指标更好的作用于网络广告的测评效果，我们需要引进修正因子，也即是注意度修正因子和认知度修正因子，分别用 Aa 和 Ca 表示。

1.注意度修正因子

注意度修正因子是用来衡量广告位置、广告格式以及页面平均浏览时间三项指标对网络广告注意度综合影响程度的指数。

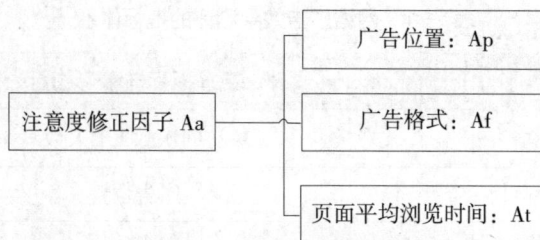

图 7-2　注意度修正因子

2.认知度修正因子

所谓认知度修正因子，是评估用户查看广告的时间和对广告的认知度的有关指数。用户的平均浏览时间是衡量广告认知度修正因子的因素之一。

（四）运用咨询法，确定指标权重确定

1.选择各行业人员，组成咨询组

咨询人员选择是影响咨询结果可靠性的关键因素。根据网络广告行业特殊性，选择消费者、广告公司工作人员以及广告主三方面的，共 152 人，男女比例为 3.2:1。参与本次咨询的调查者从事各种行业，积极性和配合度较高，采用直接评分方法，问卷调查回收率 100%。

2.制定调查咨询表

3.开展调查者咨询活动

主要通过电子邮件或邮寄调查表的方式，向各位被调查者提供本研究的相关的背景资料及初步拟定的网络广告效果测评指标咨询表。每个被调查者就每个指标的重要性进行打分，并对整个指标体系提出意见，同时每位被调查者还需对指标判断依据及熟悉程度进行打分。第一轮被调查者咨询结束后，分析整理出咨询结果，根据被调查者意见修改指标体系，在此基础上进行第二轮被调查者咨询，同时向被调查者反馈第一轮咨询的统计结果。

4.确定权重

经过计算，7 个二级指标的权威系数均值为 0.81，被调查者权威程度较高。一般来讲，被调查者的权威程度与预测精度呈一定的函数关系。随着被调查者权威程度的提高，其预测效果更好，因此，参与本研究的被调查者团队符合要求。

最后确定的各指标权重见表 7-2：

表 7-2 各指标权重

测评向度	基本指标与参考指标
注意度 0.13	访问次数 / 千人数 广告位置 0.30 广告格式 0.21 页面平均浏览时间 0.49
认知度 0.19	广告点击次数 广告平均浏览时间
交互度 0.20	顾客交互次数
行动度 0.48	顾客购买次数

网络广告效果评价各指标体系的权重值是将各咨询者咨询结果与实际情况相结合得到的。一级指标和二级指标的权重值计算方法是将各调查者的指标的重要性评分值除以 100。采用组合权重法的思想是次级评价指标的权重既要考虑其在所有次级指标中的权重分配，同时也要考虑其高层评价指标在所有指标中的权重分配，最后权重是一级指标和二级指标两者相乘。

第三节　网络广告的监管对策

一、我国网络广告监管目前存在的主要问题

（一）网络广告与传统广告监管比较

所谓广告监管，是指为了规避广告市场风险，保障消费者权益，维护广告市场秩序，由特定的广告监管主体如国家工商管理机关、相关业务主管部门、社会组织、行业自律组织，依照我国现行法律规章和行业行为准则，对广告活动实施监督管理活动的总和。我国的广告监管体制是在改革开放后市场经济日益发育繁荣、广告行业不断发展的过程中逐步形成的，体现了鲜明的时代特色和阶段性特点。依据广告载体的不同，广告通常分为传统媒体广告和网络广告。与之相适应，广告监管也自然地分成了对传统媒体广告的监管和对网络广告的监管两种。

1.传统广告监管

我国传统媒体的广告监管体制，大体上是由政府行政监管、行业组织规范和社会监督约束等几个方面构成的，形成了监督管理系统的基本架构。

政府行政监管。广告的政府行政监管，通常也被称为广告的政府规制或行政规制。由我国现阶段的经济社会发展程度、政治体制以及公民素质、文化传统等方面因素所决定，受我国现阶段国家的管理体制和管理方式的影响，目前，我国的广告管理基本是政府主导型的行政管理为主的管理模式。具体来说，就是根据《广告法》的授权，由各级政府工商行政管理部门履行广告的法定监管职责，这其中，包括了对网络广告的监管。目前，我国由国家层面的工商行政管理总局，再到以下省区、地市、县区，自上而下都建立了工商行政管理机构，并且实行省级以下垂直管理，专门履行法律所赋予的广告监管职责，并对广告行业进行行政指导。除了政府工商管理系统，相应的政府行业主管部门也对广告的监管负有责任。比如，卫生管理部门对医疗广告，食品药品监督管理部门对药品广告，农业行政

管理部门对农药广告、兽药广告的前置审批，广播影视管理部门对广播电视广告播出时间和广告量的限制，以及各级党政宣传部门对广告宣传导向的管理，等等。

行业组织规范。这是广告行业内部自我约束的自律机制。现行的行业自我规范，主要是依托各级工商管理机关组建并受其指导的各级广告行业组织和协会，并且制定相关的自律章程，从而对广告行业的行为活动进行自我规范和约束。从1983 年中国广告协会成立以来，该协会成立了 14 个专业委员会，具体涉及报刊、广播、电视、互动网络等行业。目前拥有广告协会团体会员 48 家、420 多家单位会员和 200 多名个人会员。1990 年，中国广告协会制定了《广告行业自律规则》，初步建立了行业自我约束机制。各地也相应地成立广告行业组织和行业协会，将广告主、广告经营者、广告发布者等多元相关主体吸纳进来，从而形成系统的行业自律组织。各相关主体都在《广告管理暂行条例实施细则》和《广告管理暂行条例》的规范和约束下，研究制定了本行业的自律条文。如中央电视台制定的《中央电视台商品广告若干规定》。长期以来，广告行业协会在宣传贯彻国家法律法规、引导规范广告企业发展、规避行业风险、维护市场竞争环境等方面，发挥了重要的规范作用。但是毋庸置疑，这种建立在体制内的行业组织，带有明显的官办机构的"权力本位"和"机构行政化"色彩，这也造成了广告行业组织"非官非民""亦官亦民"的组织属性，缺少自身的独立性，受工商管理部门的影响很大。这与西方发达国家普遍选择的"以广告行业自律为主、政府行政管理为辅"的监管体制有很大的不同。所以有人称，这是"中国广告监管体制的结构性缺陷"。

社会监督机制。主要是发挥消费者协会等组织及新闻媒体舆论的维权活动及舆论监督方面的作用，对广告企业及其经营者的经营行为进行监督，对广告企业是否守法经营、是否侵害消费者权益等方面，施加舆论影响和社会压力，形成良好的舆论监督的社会环境。在我国，目前广告社会监督组织主要是消费者协会，也带有"官意民办"的色彩。1984 年，中国消费者协会在北京成立。

2007 年 6 月，中国广告协会互动网络委员会成立，通过并签署了我国网络广告第一部自律守则——《中国互动网络广告行业自律守则》。至此，基本上形成了我国以政府监管为主导、行业自我规范和社会监督约束为重要补充的政府主导型网络广告监管模式。

与传统广告监管相比，网络媒体广告的监管，有了一些新的变化，体现出了较大的差异性。本书从以下三个方面来具体分析。

（1）监管逻辑不同

我国现行的《广告法》是 1995 年正式颁布施行的。而当时互联网在中国才刚刚起步，直到 1997 年 3 月，中国才出现了第一个商业性的互联网广告。可见，《广告法》当时规范的对象，主要是互联网世界之外的传统媒介广告市场。根据法律规定和国务院有关授权，各级政府工商行政管理部门主要负责广告的监管工作，诸如广告的立法和法规解释、经营单位的审批、广告相关主体的指导和管理、违法案件的查处和复议、协调与服务等，基本反映了我国政府对传统广告监管的逻辑。比如，对传统媒体广告的监管，是在明确广告主、广告经营者、广告发布者等相关监管客体的基础上设定的。但在网络广告的监管规制上，这三者常常是互相交叉重叠，有时是三种身份集于一体，使《广告法》因对象模糊而对网络广告的制约限制失效，根本无法制止网络违法广告、虚假广告的出现。根据 1995 年《广告法》第三十四条规定，网络尤其是在对网络服务提供商和网络内容提供商的市场行为的规制上，作为计算机互联网主管部门的工信部对网络广告实行辅助性规制的义务，被划在"其他媒介"的范畴之内。又比如，对传统媒体广告的监管，是以政府主管机关工商行政管理部门牵头和各有关部门配合的监管模式。从国家——省区——地市——县，设定形成了有层次的机构设置体系，由此我国各级工商管理机关内设的广告监管司、处、科、股（室），自上而下构成了我国广告规制（包括网络广告规制）的行政监管主体。在具体实际的执行监管过程中，这种多头行政、政出多门、职责不清的问题，必然造成了传统广告的监管不力。尤其是网络广告的产生，使这种行政监管的弊端愈发突显出来。还比如，传统媒体的行业自律由政府主导、作用有限。广告行业自律是广告业发展到一定阶段的必然产物。创立于 1983 年的中国广告协会，这种诞生于政府体制之内的行业自律组织，带有明显的官办机构的"权力本位"和"机构行政化"色彩。这种传统广告的监督管理，对新兴起的网络广告来说，已经远远不能适应其发展。在坚持传统的监管方式基础上，需要转变监管思路，选择有效的监管手段和方式，探寻新的适合监管网络广告发展的新规制、新模式。

2015 年 4 月 24 日，全国人大审议通过了新修订的《广告法》，开始把网络广告的管理纳入规制范畴，新增了关于互联网广告管理的有关规定。尤其是国家市场监督管理总局在 2016 年 7 月出台的《互联网广告管理暂行办法》（第 87 号令），围绕落实新修订的《广告法》的有关规定，在规范互联网广告活动上做出的 29 条具体规定。从中我们不难看出网络广告的监管逻辑变化轨迹。主要体现了"四个强化"：一是强化了广告市场监管的主体职责，明确了工商行政管理机关为主、相关各部门分工配合的管理体制，由此真正确立了一种工商为主、多部门协作的广告监管模式。二是强化了广告行业组织的自律规制，如按照新修订后的《广告法》第七条中的有关规定，在坚持政府监管主导作用的同时，进一步完善了行业自律为辅助的监管体系。三是强化了对违法广告的责任查处，如增加了资格处罚、信用惩戒。四是强化了对消费者权益的法律保护，比如，加大对虚假广告的打击力度，加大惩处力度，等等。

（2）监管方式不同

网络广告事业的发展，单纯依靠政府的力量，是难以对网络广告的市场实现有效监管的。与传统广告的监管模式相比较，我国的网络广告监管是采用以政府规制为主、行业自律和社会规制为辅的政府主导型规制模式，其中，政府规制最重要的手段是法律规制和行政规制。比较常见的是行政处罚、行政许可和行政强制三种类型。主要手段为对违法者进行罚款，并以行政处罚为主。随着时代的发展，一些柔性的软约束手段在广告监管中，也逐渐被使用，并发挥了比较好的效果。目前，政府行政管理部门经常组织开展的带有激励性的活动，宣传教育活动，各种专项培训等，都带有引导规范的性质，收效比较明显。用业内人士的话来讲，这种柔性的软约束，主要有以下几种方式：一是行政指导。2013 年 3 月 1 日，国家颁布的《工商行政管理机关行政指导工作规则》，2002 年 12 月 27 日，由中宣部等五部门联合颁布了《关于进一步做好公益广告宣传的通知》，都是行政指导规范性指导文件。二是关于行政合同。有人也称之为行政契约。政府行政管理部门，为了完成特定的任务，发挥业内企业单位或专业人士的作用，与其签订合同，以政府购买服务方式，鼓励引导广告企业守法经营，为社会作贡献。比如 2011 年 4 月，江苏宿迁工商局推行的广告行政合同式管理，就是比较典型的做法，在社会管理创新、维护群众权益等方面，产生了良好的社会效应。三是行政奖励，表彰先进、激励后进，对守法者给予物质上和精神上奖励，充分调动广告企业及其经营者内在的积极性，提高自律意识，维护自身形象，树立良好信誉，促进企业的良性发展。这种奖励制度也被网络广告领域广泛地使用。

（3）监管结构不同

从总体上看，对网络广告的监管，自 2015 年《广告法》重新修订实施以来，我国从纵向垂直的政府监管模式，开始转向多部门协作监管与广告行业自律、社会监督相呼应的规制格局。

从法律规制方面看，网络广告监管实现了从游离法律规制之外到纳入其中。1995 年 2 月 1 日，中国正式颁布了《广告法》，而 1987 年颁布的《广告管理条例》作为《广告法》的补充，在《广告法》出台后仍然在使用。2004 年，国家市场监督管理总局制定发布了《广告管理条例施行细则》。2015 年 4 月，全国人大审议通过了新修订的《广告法》，将互联网广告纳入法律规制的范围。2016年7月，国家市场监督管理总局制定出台了《互联网广告管理暂行办法》（第87号令）。与此同时，针对网络广告监管所暴露的问题，我国各地也在探索尝试制定一些相关的规章制度。如北京市工商局8月发布了《经营性网站备案登记管理暂行办法实施细则》和《经营性网站备案登记管理暂行办法》，还有2008年1月正式施行《浙江省广告管理条例》，明确将网络广告纳入规制范围。2014年2月21日，国务院法制办网站公布了《中华人民共和国广告法（修订草案）》，开始向社会征求意见，《修订草案》明确将互联网广告管理纳入了其中。

从行政监管方面看，有三个方面积极变化：一是加强了对网络媒体行政指导。2012年2月，国家市场监督管理总局联合中宣部、国务院新闻办公室、公安部、监察部等多部门出台了《大众传播媒介广告发布审查规定》，详细规定了大众传媒广告审查员的资格认定、培训程序、工作职责。2014年1月13日，国家市场监督管理总局召开了互联网广告监测监管情况通报会，要求各互联网站对被链接网页的广告内容认真审查。二是搭建了网络广告监测平台。2013年3月以后，国家市场监督管理总局每月对土豆网、美团网、糯米网、优酷网、京东商城、卓越亚马逊、新浪网、爱奇艺、新华网、TOM网、搜狐、川北在线、中华网、网易、腾讯网、凤凰网、华龙网、淘宝网、拉手网、大洋网共20家网站发布的广告进行抽查监测。2014年，国家市场监督管理总局为满足网络广告监管的现实需要，组织筹建互联网广告监测监管平台，对全国各类网站发布的全部广告进行实时监测。至2013年7月，全国已有17个省级工商行政管理局建立了网络监管平台，为地方政府全面实现"以网管网"奠定了坚实基础。三是开展了多部门联合监管工作。针对网络广告传播速度快、涉及范围广、信息隐蔽性强、监管难度大等特点，国家工商行政管理部门会同部际联席会议成员单位，如中宣部、国务院新闻办、公安部、工信部等发起的联合监管执法专项活动日益增多，媒体广告发布前的审查成为规范重点，处罚力度亦不断加大，形成了我国网络广告规制中的行政规制多部门联动的特色。如2009年7月至10月，国家七部门联合开展的互联网医疗保健和药品信息服务专项整治行动，还有由国家市场监督管理总局牵头、多部门联合开展虚假违法广告专项整治工作。各地工商行政管理部门也加强了部门、区域间的联动，出现跨地域监管协调配合的工作机制。

从行业自律方面来看，目前我国网络广告行业自律规制主要包括两个层面；其中，一个层面是网络广告活动主体的自律规制，表现为对网络广告的前置性自律审查，这是由网络的广告发布者、广告主、广告经营者共同实施的自我审查和把关机制。另一个层面，是网络广告行业协会的自律规制，对协会的各成员进行规范与管理。2007 年 6 月 14 日，经国家市场监督管理总局和民政部批准，中国广告协会互动网络委员会在北京成立，通过并签署了我国第一部自律守则——《中国互动网络广告行业自律守则》。这个《自律守则》的发布，标志着我国网络广告的自律开始走上组织化和规范化阶段。在相关行业组织，包括中国互联网协会、电子商务协会、中国电子协会等的共同努力下，一些与网络广告发展相关的自律守则、标准也开始陆续发布。2011 年 5 月 16 日，在中国互联网协会的倡议下，人民网、新华网、新浪、搜狐、网易、凤凰网、腾讯网、百度、优酷、开心网、天涯社区等 140 家网站代表，在北京签署了抵制非法网络公关行为自律公约，这是我国网络广告标准化、规范化方面又一重大进步。同年 4 月 8 日，为了规范网络营销服务及互联网用户数据研究业务，中国互联网协会组织相关从业企业共同研究起草了网络营销与互联网数据研究业务的《自律宣言》。同年 12 月 3 日，又发布《互联网终端安全服务自律公约》，对客户端软件可能存在的收集用户隐私、捆绑恶意插件、发布恶意广告、软件的排斥和拦截等问题进行了具体规范。提供互联网终端安全服务的腾讯、百度、奇虎 360、江民科技等一些国内知名网络经营企业，共同签署了对公约的响应支持文本，表示坚决支持自律公约。网络媒体自律审查的内容通常包括：对页面的审查、对广告形式的审查和对广告内容的审查。如百度的客户审核、人人网的物料审核、凤凰网的内部审查机制，都是比较有代表性的内部审查的案例。企业内参与审查的部门包括合同管理部、投放部、法务部等，各部门通力合作，各司其职，从各自的角度审查网络广告是否合法。

从社会监督方面看，我国的网络广告的社会规制主要是依靠社会监督，公民通过社会组织和团体、舆论媒体、行业协会等，自发地对网络广告整个传播流程进行监督和检查。目前，我国网络广告社会监督的运行主要分为三个层次：其一，是广告受众，即广大消费者对网络广告的全方位监督；其二，是社会监督组织，如消费者协会对网络广告的规制：其三，是新闻媒体对虚假广告、违法广告及其责任人的曝光。这三个层次由下而上，逐层推进，构成了一个比较有序的网络广告社会规制体系。

2. 网络广告监管的现实要求

任何新生事物的出现都是一柄"双刃剑"。网络广告的出现也是一样，既有传播面广、传输快、形式新颖、传播效果便于统计等方面的优势，但也带来一些新的问题。如伴随网页窗口强制弹出的广告、带有欺骗点击行为的广告、没有关闭按钮的广告、覆盖网页内容的广告、没说明广告目的广告、在网页正文周围来回浮动的广告、占用了大部分页面的广告、在屏幕周围来回浮动的广告、自动开启声音的广告等，常常对网络消费者造成了误导和干扰，特别是"网络水军"助力恶意竞争，从而误导市场交易行为，干扰了网络经济秩序，引发"市场失灵"。而传统的广告监督管理体制和方式与网络广告发展不相适应的问题，暴露出了政府对网络广告监管的滞后缺位，推进政府监管的创新，实现网络广告的有效治理，已经迫在眉睫。

（1）网络广告治理中的政府失灵

政府对经济的管理职能，也就是一般意义的工商管理职能，是实现政府对市场经济的有效干预、克服市场弊端的重要保障。在没有政府监管的条件下，市场经济运行中自我趋利取向，如果失去必要的引导规范，极易引发经济行为的失范无序，无法达到资源的有效配置的目标，从而导致"市场失灵"。政府对经济活动的干预和监管来源于"市场失灵"，其目的在于规范引导市场主体的市场行为。但从经济发展的历史和现实层面看，政府干预经济的手段和影响也是有限的，经济生活中的滞涨现象，反映出了政府失灵的无奈。网络广告本质上属于商品，网络广告活动也是市场行为，自然在政府监管经济运行的范畴。网络广告由于依附网络媒体进行传播，它的不确定性、超时空性和虚拟性，使网络广告经营者经常利用监管上的漏洞，在实际运作的过程中，出现违背市场公平竞争的失范行为，在一定程度上对网络广告的资源配置造成了不良影响，从而引发了"市场失灵"。由于网络广告在我国起步较晚，发育不够成熟，监管体制及经营运作还不完善，在法律规范、监管模式、监管手段等方面都还没有完全适应网络广告的发展要求，监管缺位、不到位和不得法等问题大量存在。目前，网络广告是与网络游戏、短信并列的互联网的三大盈利点之一，但是由于网络广告管理的失控，法律规制的不健全和商家对利益的无限追逐，使网络广告市场的监管面临着"四难"的境地。

（2）监管对象身份难界定

传统媒体下的广告投资、经营和发布三个方面，身份固定、分工明确、边界清晰，在《广告法》中也有明确的界定。但是在网络新媒体环境下，广告的投资、经营和发布常常是合而为一的，相互交叉，多重身份，边界模糊，政府监管沿用的《广告法》对网络广告的监管是不适用的。由于网络媒体的开放性、便捷性，任何组织和个人都可以直接为自己的商品或服务进行宣传，制作发布网络广告信息，使网络广告主体呈现出多元化、多样化。而且网络广告行为又具有极大自由度，可以出现在国内外的任何一个角落。还有，在我国从事网络经营业务的主体，既有如移动、联通、电信等网络运营商，也有如百度、新浪、网易、搜狐等门户网站，他们常常联合制作网络广告，使网络广告活动的主体纷繁复杂，给政府的行政监管工作带来了巨大的挑战。

（3）监管主体责任难确定

传统媒体下的广告无论是电视、广播、报刊，都有明确的地域范围界限，归哪个地方的政府行政管理部门管辖，都是十分清晰明确的。但是在网络新媒体时代，网络广告的超时空性，使特定区域性的行政监管不再适用。对于超越管辖权的网络广告，如何界定违法行为发生地和管辖权，究竟由谁来管辖，如何适用法律，成为一大难题。对于超越管辖权限的异地网络广告，不同地方的政府部门常常是束手无策，难以实现对网络广告进行科学、有效的监管。当前，我国还没有网络广告的专门监管机关，主要责任主体根据《广告法》的规定是各级工商行政管理部门，还有网络广告内容、技术手段相关的行政管理部门也负有相应的监管责任。这种多部门的监管方式，使责任主体因责任界定不清晰，从而造成的监管工作的职责定位混乱，时常导致"谁都管"又"无人管"的尴尬局面，以致监管的低效甚至失效。

（4）广告属性识别难认定

根据我国《广告法》规定，广告应当具有可识别性。在传统媒体的广告中，依照相关法律法规的明确规定，在广告传播活动过程中，必须要具有鲜明且易识别的广告标识，广告性质明确。但在网络媒体上发布的广告，常常与网络信息交织在一起，使信息和广告界限越来越模糊不清，一般注册用户都可以发布各种信息包括商业广告信息。还有，大量的植入式广告也缺乏甚至是故意规避明确的广告标识。由于网络广告的标识不清晰，甚至缺少广告标识，一些本来具有广告性质的信息就被认作是一般的网络信息，加上网络信息的流量巨大，监管机关对于网络广告的监管范围往往无所适从。

（5）违法广告行为难裁定

由于网络广告在虚拟空间传播，其行为活动在2015年新《广告法》修订之前的相当长的时间内，并没有纳入《广告法》的规制范围内，所以判定网络广告信息是否合法缺少政策性依据，难以对其行为进行裁量。加之违法广告信息经常被任意修改，不留痕迹，取证也比较困难。对于使用虚拟身份的广告商，对于其身份的认定、违法广告内容的真实性核实、对消费者权益侵害的行为取证等都难以真正落到实处，这使得工商等部门的行政执法和处罚常常因判定不清或因证据不足而无从下手。尤其是有的广告企业资质不全甚至是皮包公司，发布违法虚假广告、欺诈广告，东窗事发后，很难找寻其踪迹，政府部门的处罚措施也无法得到真正的执行。北京市、浙江省出台的针对网络广告的地方性规章，由于监管法规地域范围狭窄，忽视了网络广告跨地域传播和网络经营行为的特殊性，对于超越管辖权范围之外的网络广告，实际上也缺乏可操作性，给依法行政或处罚带来了困难。

3. 网络广告治理中的市场失灵

网络广告活动本质上是市场经济活动，受市场经济法则的制约，也离不开政府的有效干预和调控。然而事实证明，单纯的市场手段或仅依靠政府的干预，都无法实现资源的最优化配置，达到经济学家所称的"帕累托最优"的目标。网络广告作为一种新兴产业，是市场经济活动的重要组成部分，政府对市场经济行为的干预和调控，自然包括对网络广告活动的监管。而网络广告的政府监管也源于网络广告市场失灵。目前，网络广告从总体上讲，政府行政监管相对滞后，受市场机制的作用影响较大，广告主体的无序竞争还没有从根本上得到规范和控制，网络广告行业的问题在一定程度上暴露出了网络广告经济的"市场失灵"。

近代广告经历了从印刷媒介广告——广播广告——电视广告的发展历程。在网络新媒体时代，如何利用网络资源让受众感受到属于自己的广告，已然成了网络时代广告投放的一个核心问题。然而网络广告活动中的"市场失灵"，使市场经济有效配置资源的目标无法实现。而所谓的市场失灵，就是指"在没有政府监管的背景下，通过网络广告活动主体自愿交易无法实现网络广告市场注意力资源的有效配置，这就是'市场失灵'"。

而网络广告注意力资源主要包括总点击次数、综合浏览量和点击率三个方面。从市场需求和市场容量来分析，市场给予网络广告以强有力的信号，指导着网络广告的发展，但有时又因为市场经济的自由性和灵活性，使得网络经济增长和网络广告规模都同时低效。网络广告市场的失灵，直接带来了三个方面的问题：

（1）网络广告效果的统计失实

客户投放广告的主要依据，是网络规模、用户分布、上网习惯、网站访问率、热门的网页与栏目、访问繁忙时段等参数。纷繁复杂的大大小小网站通过自报"业绩"，运用类似点击数（Hits）等不具有商业价值的参数，作为网站访问量，让客户对网站优劣难以辨认。所谓的点击数，是指从网页上提取信息点的数量，网页的每个图标、链接点都产生点击，所以一篇网页的一次被访问，由于所含图标数量、浏览设置的不同，可以产生多次的点击数，这样报出的"天文数字"，让广告主时常将信将疑、半信半疑，让人缺乏应有的信任度。

（2）网络广告市场的竞争失序

网络产业的发展在当代中国可以说日新月异，增长幅度在 2007 年之后趋向平稳，但规模却呈几何基数增长，并且与实体经济相互交融，特别是在国家大众创业、万众创新的政策激励下，"互联网 +"成为助推国家经济发展的重要动能，极大地激发了创业主体的热情。几乎每个创业主体，都离不开利用网络广告，来推销自身产品或服务的机会，市场竞争在所难免。目前的《广告法》虽然将网络广告纳入规制范围内，但是相关内容比较笼统，没有对具体行为进行明确的界定。如缺乏对网络广告经营者主体资格应具备的资质条件的审定，以及对违法网络广告的审查和处罚方面的规定。一些网络不法之徒利用这种政策缺失，采用数字技术的新形式，如使用加框的超链接技术、抄袭他人网站的内容、利用关键字技术等，进行网络广告市场中的不正当竞争，严重干扰了网络广告市场秩序。

（3）网络广告的市场价格失真

一个发育成熟的市场经济，商品的市场价格与商品的实际价值尽管在一定时期内存在上下波动的现象，但在总体趋势上二者是相吻合的。在网络广告市场恶意竞争失序的状态下，网络媒体不仅没有给广告主和广告公司提供真实的资料，更难以给出比较明确的收费标准。从现实情况看，每个时期甚至每个月的广告费，每个 CPM 的价格，按照什么标准来收费，各个网站都不尽相同。有些网站为了争夺网络广告市场，暗自以打折或免费赠送相应时段广告的办法，以提高网站的知名度和影响力，并阻拦其他企业来网站做广告，这使网络广告价格时常偏离其实际的价值，如广州的 163 邮箱的广告费曾经打到三折，价格严重失真，类似这种抢占网络市场的行为，已经使网络广告市场陷入无序的竞争局面。

4. 网络广告治理中的第三部门失灵

第三部门（The third sector）又称为志愿部门（Voluntary sector），是社会学与经济学名词。它既不是政府职能部门，也不是商业企业，经营不以盈利为目的，而是由各种社会团体、民办非企业单位自发组成的非营利性的独立的社会组织。它的主要特征在于它的"非营利性"和"独立性"。从二十世纪六七十年代开始，社会组织作为一种重要的社会力量在世界范围内悄然兴起并得到广泛发展，被称为"第三部门运动"。这是当代西方国家为了解决市场经济发展中的市场和政府"双失灵"的问题，提高社会治理的必然趋势。我国从改革开放以来，伴随着市场经济的发展和社会的转型，中国的社会组织已经得到了长足的发展，目前已经登记注册的就有 45 万个，还有至少有 300 万未登记的社会组织。

中国广告协会是在民政部登记的全国性社会团体，中国广告协会第一次代表大会于 1983 年 12 月 27 日至 31 日在北京召开，宣布中国广告协会正式成立，它的主要职能是：提供服务、反映诉求、制定标准、规范行为。由具备一定资质条件的广告投资方、广告经营者、网络广告媒体等经营单位，以及地方性广告行业组织、广告教学及研究机构等自愿组成，现拥有单位会员 600 余家。中国广告协会设有 15 个分支机构，分别是：报刊分会、广播分会、电视分会、广告公司分会、铁路分会、公交分会、标识分会、民航分会、烟草分会、户外广告分会、广告主分会、互动网络分会、学术委员会、法律咨询委员会、专家顾问委员会。中国广告协会各分支机构在中国广告协会的领导下，在其专业领域内开展行业活动。全国各省、自治区、直辖市等地方广告协会是中国广告协会的会员单位，也是中国广告协会在全国范围内开展行业活动的合作伙伴。由于网络广告在中国起步时间较晚，但发展却十分迅速，作为应该具有"第三部门"性质的广告协会组织，基本上是依托政府工商管理部门，自身缺少相对的独立性，属于"半官方"性质的机构，难以真正实现对本行业的自我约束和管理。还有，由于缺乏相应的网络广告管理的法律法规可遵循，广告协会还没有真正跟上网络广告发展的需要，在网络广告的制作和发布制定专门的自律规程及履行职能作用上仍然存在很大的不适应，存在着行业自律"失灵"的现象，在网络广告治理体系中发挥的作用极为有限。

　　5.不当网络广告对消费者权益的侵害

　　在当前庞大而又复杂的网络经济领域中，虚假、劣质、不正当竞争等违法广告行为在网络媒体中大量涌现，鱼目混珠，不一而足，可谓乱象丛生。与传统媒体发布的广告相比，网络虚假广告在广告主体、发布方式、内容等方面，都呈现出复杂多变的特点：网络违法广告主体多样繁杂，身份难以核对，无法验证；发布方式多样化，有较强隐蔽性；数量众多、传播快速、覆盖面广泛，是虚假广告泛滥的重灾区。现行的《广告法》第二十八条第二款，界定了"虚假广告"的具体情形。由于网络广告相对处于一个缺乏控制的状态，致使损害消费者合法权益的问题层出不穷，如今网络广告已是公认的各类媒体广告中信任度最差的广告。网络虚假广告不仅扰乱了市场经济秩序，也损害了消费者的合法权益，让消费者上当受骗、深受其害。同时网上经营者可以不在网上公布真实身份，加之对网上经营者缺乏法律约束，对于虚假的网络广告又缺少权威评判机构，经常出现随意侵犯消费者权益事件的发生。其中，食品安全领域正成为网络谣言的重灾区。2017年 4 月 17 日，国家食品药品监督管理总局新闻发言人在该局召开的治理研讨会上说，网络谣言中食品安全信息占 45%。不仅扰乱了百姓的消费判断，损害了行业发展，还已影响到我国的国际声誉。

（1）不当网络广告对消费者权益的侵害

由于现代信息技术创造了虚拟的网上购物空间，网上购物不受时间和空间的限制，以及网上交易的无纸化、选择的多元性等因素的存在，而相应的网上购物规律规制相对滞后，存在很多的法律漏洞。一些不法厂商常常利用网络交易规制的缺失，使用各种欺诈手段坑害消费者利益，使网上购物欺诈、投诉明显多于传统购物行为，网上购物消费者权益得不到保障，消费者投诉较多。诸如网络广告中商品的介绍名不副实、欺骗消费者，消费者收到名实不符的货物后不予退换、投诉无门等，让一些热衷网购的消费者深受其害。

① 对消费者知情权的侵害

网络广告可以满足消费者多样化的个性需求，是网络经济发展不可缺少的信息传播手段。但在网上购物模式下，各种各样的网络广告鱼龙混杂、样式繁多、真假难辨，极具煽动性和诱惑力，让人眼花缭乱，让消费者一时难以判断其真实性。消费者只能在网上经营者操纵的虚拟网络交易空间进行操作和消费，无法真正了解所购商品的全面信息，所能看到和了解到的信息，也都是被精心安排好的。有关商品的描述和制作过的图片，有些时候具有很强的欺骗性和夸大成分，这给消费者知情权的实现带来了困难。一些网上不法之徒为了谋取经济利益，在网络广告中公然作假，或夸大其词，或公布虚假照片，或利用明显低于市场价的价格，引诱、误导和欺负消费者，严重损害消费者的知情权。

② 对消费者自主选择权的侵害

消费者的自主选择权体现市场交易的公平性。在实体市场上，如今的强买强卖现象已经极为鲜见。在现实的市场交易中，商品的规格、标准、质量、产地、售后服务，还有各种商业服务项目等都是明码标价，尽管有时也存在诱骗欺骗行为，但消费者看得见、摸得着、可辨认，有真实的感受，选择起来有可比性，自主选择实现度比较大。一旦交易出现纠纷，只要证据在，索赔也比较容易。但是在网络空间里，网络广告商提供的广告信息，因缺少实物可比较，尽管有图片或视频的显示，但购买后能否达到广告承诺的质量超标准，有很大的不确定性，这使消费者在选择上存在很大的心理障碍。2015 年新《广告法》中对网络广告的规范比较原则，也不可能对一些具体质量标准、服务事务明确动细，事实上也很难做到，这使得网络广告的制作和发布有失范的空间。而有些不法广告商利用可乘之机，在网上或移动手机中提供的广告信息有的名实不符，虚假广告、欺骗广告、垃圾广告、强制弹出式广告时常见诸网上，让人真假难辨，让消费者难以做到自主选择。现在在网上购物比较普遍，得到了许多人的青睐，但事实上，网上购物多为低端商品，交易成本小、风险不大的物品，其原因就在于消费者"不拖底"的心理。

③ 对消费者公平交易权的侵害

网上的公平交易是以交易的双方公平的契约合同为保障的。但在网络虚拟空间里，由于网络交易平台大都是网络厂商创制的，购物的合同文本格式基本上都网络平台企业或商品推销厂商自己设定的，消费者只能在设定的合同文本上点击同意或不同意，否定了消费者表达真实意愿的权利。而且文本中设置了许多有利于厂商自己的交易条件，不利的条款常常不在其中，或者为规避法律约束，打擦边球，一些不公平的条款被放在页面不易发现之处，或者闪烁其词蒙骗消费者。这使得网上购物的消费者处于被支配地位，使消费者的公平交易权受到了侵害。

④ 对消费者赔偿权的侵害

网购给消费者带来极大的便利，也带来了一定的交易风险性。诱饵广告、虚假网络广告的欺诈宣传，让有些网购消费者大受其害的情况屡见不鲜。在实体的商品市场和服务市场中，商品和服务的经营场所通常是固定的，购买了某种商品和某种服务，如果名实不符，证据好查，也容易索赔。但网上厂商或网络广告经营者，网上的虚拟店面难以查证，经营主体身份大都不是实名，经营场所也不固定，交易发生后，消费者上当受骗后，电子化交易，证据难查，成本又高，很难进行索赔，而且网购合同大都是"售后不退"。消费者一旦在交易中发现问题，因诉讼成本高又不易追讨，大都自动放弃索赔。

⑤ 对消费者隐私权的侵害

消费者在网络厂商开设的网站或网店进行登录注册，基本上是要求消费者录入真实个人基本信息，否则无法进入网店的页面，这在客观上存在客户信息泄露的风险。在大数据时代，借助网络技术成为采集个人数据的主要途径。网络广告侵害隐私权的现象比较复杂，通常情况下，网民在访问网站或享受提供的免费服务时，必须提供个人的真实信息，涉及个人身份、职业、工作单位甚至财产等方面的一些隐私，而这些个人信息时常被网络平台收集整理，建立用户的资料库，这本身就存在着一定的信息安全隐患。有的厂商为了提高商品销售或服务的针对性，或者为了掌握客户市场份额，对消费者的情况诸如职业、年龄、性别、爱好、单位、民族等都要求如实登录，从而进行分类整理建立客户信息库，这在客观上使客户的个人隐私权受到了侵害。而有些网络广告商，缺少职业道德，常利用已掌握的个人信息资料，不论客户是否同意，强制性地发送点对点的广告信息，或者冒用一些有名望的消费者名义，搞虚假的网络广告宣传，严重地侵害了公民个人隐私权。

⑥ 对消费者财产权的侵害

一些不法网站将用户的个人信息，有偿的让渡给网络广告经营者违法使用，强制向用户发布大量的劣质或违法的广告信息，不仅侵害了消费者的个人隐私权，也干扰了他们的正常生活。更有甚者，通过对虚假违法网络广告信息的传递，诱骗、欺骗消费者，特别是知识层面不高的老年人和涉世不深的青年学生，很容易上当受骗，造成财产的损失和权益伤害。这方面的案件屡见不鲜，如2016年8月，山东女学生因个人信息被泄露，造成不法分子骗取学费9900元，不仅造成了个人的财产损失，更因此造成该学生突发疾病而离世。这类案件并不是个案，反映出了网络信息安全的重大隐患，值得包括网络行政监管部门的重视。当消费者权益一旦受到侵害，在通常情况下，损失难以弥补，权利难以维护。

网络广告中上述存在的这些问题，使监管和规范网络广告已经成为当务之急，尽快建立健全网络广告的监管体制及工作运作机制，化解网络广告带来的负面效应，保证其健康有序的发展，是网络经济时代发展进程中一项无法回避的现实课题。

（2）消费者维权的困境

网络广告作为新生的网上促销方式，在法律规制上存在着不少缺陷。消费者通过网络广告产生的网上交易行为，由于各种原因与经营者发生的纠纷甚至被广告经营者或厂商欺诈，往往由于对广告厂商的侵权行为难以认定，使消费者在维护自身的合法权益上，常常感到"吃亏"，又无法"裁量"，在维权索赔上处于非常尴尬的境地。

① 责任主体难以确定

网络企业广告商由于出资、制作、发布经常一体化，其身份本来就很难界定。消费者很难在网络平台获取广告厂商的真实信息，诸如，广告公司注册地、资本金注册金额、公司的信誉度、财务收支状态，这些一般都不告知消费者。尤其是主要经营责任人的状况，消费者出现消费纠纷时，对网上经营者、具体责任人及所联系方式等情况几乎一无所知，在立法尚不明确的情况下，责任主体根本无法确定，从而使消费者茫然不知所措，丧失维权的能力。

② 适用法律难以界定

目前，我国网络广告经营活动基本上是以《广告法》《广告管理条例》为基本规制的依据，针对网络广告的特殊规制的具体条款不多。而网络广告的虚拟性、庞杂性、易变性，又使得网络广告的行为活动，很难在现行的基本法律规范中找到具有明确的适用条款，这种客观上的规制缺陷，使得对网络广告的经营行为规范特别是违法违规行为的处罚，经常因对违法违规行为无法界定而逃避规制乃至处罚。

③ 违法行为难以举证

网络广告是在虚拟网络平台发布的，传输的数据基本是电子数据，有很大的不确定性，导致的网上交易行为双方发生纠纷时，购物受损后的证据查实很困难，时常因证据不充分而无法向执法部门举证。比如，网络购物投诉常见的竞拍违约问题，网络页面广告以及进行交易时文本合同的保存期期限性，交易方式付款方式网络付款，除了汇款单，产生交易及交易的具体质量标准，让消费者很难用证据证明网络厂商或网络广告经营者所付的责任，加之网络交易行为范围大，监管部门受理查证和处罚都是一件较为困难的事，这使得消费者维权受到很大的限制。

现实社会对网络广告的监管，除了法律规制、政府监管、行业自律，还有一个很重要的方面，就是广大消费者、舆论媒体等的社会监督，如此才能真正建构起对网络广告实施有效监管的体系。尽管我们看到目前消费者的维权意识越来越强，消费者协会的作用也有了一定的发挥。但从实际情况看，针对网络广告的管理上，广大消费者对于网络厂商来说仍然处于弱势地位，其自身的权益尚难以保障，其社会监督的作用还没有充分发挥出来。

从以上多维度的分析中不难看出：传统媒体广告的监管模式，已经远远不适应网络广告监管之需要。由于网络广告市场的复杂多变性，在立法层面、执法层面和司法层面，对网络广告监管都存在缺位、缺失或缺陷的问题，使得政府监管层面和其他主体监督方面都面临着不同程度的诸多问题，需要从理论和实践上认真加以分析，找出症结所在，积极探索创新有效的监管路径和实现方式，方能破解摆脱其困境。

（3）消费者维权困境的成因

① 维权监督成本高

在我国的现行法律体制下，网络广告的违法行为可以视作对于消费者合法权益的一种侵害，根据我国民事诉讼法中的"谁主张，谁举证"原则，一旦消费者发现网络广告违法行为的时候，需要由消费者来承担相应的举证责任，证明网络广告违法行为存在的现实，或者是对网络广告主、网络广告经营者违法行为的举证。这对于处在监管体系弱势地位的消费者来说，无疑是一项极大的负担。在这种社会属性的监督行为之中，消费者需要花费诉讼费、交通费、住宿费等经济成本，同时还要耗费时间成本和有限的精力。往往在网络广告的监管活动中望而却步。

即使在某些特殊情况下，消费者坚持维护自己的合法权益，不惜耗费时间、精力和金钱，但最后得到的回报也仅仅是退款或者换货。换个角度来看，消费者个人的监管成本远远要高于监管的收益本身，大多数的消费者通常会因无奈而选择放弃网络广告的监督。

　　② 监督渠道不畅通

　　在社会范围内，消费者进行网络广告监督活动的主要途径，就是通过消费者协会对网络广告进行投诉和举报，从而达到社会监督的目的。1984 年 12 月，国务院为了保护消费者合法权益，引导消费者科学、合理的消费，从社会角度对市场经济体系中流通商品和服务进行有效监督管理，促进社会主义市场经济的健康发展，批准成立了中国消费者协会。之后，在各级政府的主导下，我国也在各地方设立地方性的消费者协会。在网络广告监管体系内，消费者协会的主要职责就是受理并调节、处理消费者的举报和投诉。在通常情况下，对消费者举报和投诉的网络广告违法行为进行媒体通报；对于情节严重的网络广告违法行为会支持消费者向政府行政监管部门和司法机关提起诉讼。因此，消费者协会在网络广告的监管过程中扮演着一个承上启下的角色，上接行政监管机关，下对广大消费者群体，成了监管体系中的重要纽带。但是，由于消费者协会并不是真正意义上的行政机关，这种尴尬的身份缺少人员、物力和技术上的支持，所以消费者协会在网络广告监管活动的运行中发挥的能力实在有限。同时，消费者协会不具备法律所赋予的监管权力，也没有对于违法行为处罚的权利，更不具备行政诉讼的主体资格，所以在面对消费者的投诉和举报的时候，无法对网络广告违法行为主体直接提起诉讼，只能帮助消费者寻求政府行政部门或者法律的援助。

　　新闻媒体可以说是近些年来消费者实施监督行为时，经常寻求帮助的途径，通过消费者的举报和投诉，对违法网络广告进行曝光和舆论评判。但是，需要注意的是，新闻媒体本身也是网络广告的发布者和经营者，过渡的打击网络广告，也会对其自身的传播利益造成损害，这也间接的影响到了新闻媒体职能作用的充分发挥。

　　（二）政府监管存在的问题

　　我国网络广告产业的发展总体上是健康的，但运行的实际效果仍然不尽人意，难以适应网络广告的发展需要，监管规制上的滞后和缺失问题并未从根本上得以改变。在治理虚假网络广告、垃圾邮件广告、利用网络广告从事不正当竞争等方面，仍然显得力不从心，尚未从根本上摆脱"难执行"和"执行难"的三大监管问题。

　　1.规范性依据不足

　　我国广告方面的法律法规主要有：《广告法》《广告管理条例实施细则》《广告管理条例》《互联网广告管理暂行办法》，还有《消费者权益保护法》和《反不正当竞争法》等法律法规，此外，还有对涉及食品、药品、医疗、烟草、酒类等特殊广告出台的专门规章。然而，现行法律法规都没有实现对网络广告的有效规制。健全的法律法规是监管主体履职的基本前提，"没有规矩"或"缺少规矩"都难以使监管的责任主体做到有法可依、有章可循。由于我国对网络广告监管的起步较晚，对于相关领域的制度建立还不完善，所以，目前我国并没有专门针对网络广告规制的法律存在，而现行的《广告法》对互联网广告只是做了原则性的规定，没有针对互联网广告的特点做详细具体的规定，再加上现有的法律规定比较散乱，有些条款在适用网络广告上缺乏操作性。2016 年出台的《互联网广告管理暂行办法》，虽然着眼解决互联网广告管理方面的特殊性问题，对参与互联网广告活动的各类主体的权利义务、法律责任进行了划分和规制，但面对网络广告技术更新之快、传播范围之广、表现样态之多，这个《暂行办法》的规制也有一定的局限性，这给各级工商行政管理部门履行主体责任、开展监管工作带来了一系列的问题。

网络广告识别难定性。网络信息与网络广告常常相互交织、很难区分。尤其是有些广告商故意把广告形式信息化，模糊两者界限，让人很难区分是商业广告还是信息，依据现行的《广告法》对网络广告难以定性。如果不把它纳入网络广告范围，就会不可避免地导致违法、虚假网络广告泛滥成灾。适时制定一部适用全国的《网络广告法》，从法律的权威角度来对网络广告市场进行统一规制，以确保我国网络广告市场的可持续发展，显得十分必要和迫切。

2. 网络广告主体难定位

现行的《广告法》对广告的相关主体都有着明确的规定，对于网络广告主、网络广告经营者、网络广告发布者的含义、权利义务有着明确的区分，然而，对网络广告却难以适用。由于网络的虚拟性、广延性，三者的界限模糊，定位出现困难，常常无法准确识别相应的主体资格，也难以迅速地对网络广告违法行为进行追责。

网络广告准入难把控。虽然对传统广告的准入资格条件比较具体明确，但是具有一定的局限性。加之网络广告的超时空性、准入门槛又低，使得许多在传统媒体广告中不能出现的商品或服务，如精神药品、麻醉药品等纷纷通过网络平台而随时传播，这反映出现行《广告法》在网络广告市场准入上的立法缺陷，事实上也给违法网络广告的泛滥提供了可乘之机。

网络广告内容难裁定。由于网络广告的蓬勃发展，所占市场份额越来越大，实体经济与虚拟经济相互交融，"互联网+"模式的广泛应用，各行各业都开始了对网络广告的关注和投入。所以，各种问题广告的信息、内容和性质不好被界定，依据现行的《广告法》就很难识别。况且，网络广告监管还会遭遇管辖权难以确定，一些地方性法规适用范围又有限，如涉及跨国界的网络广告，更不好用国内法律法规予以衡量，对违法广告的电子证据的收集和采纳难度也比较大。

3. 责任主体缺位

这里讲的监管主体是狭义上的监管主体：各级政府工商行政管理部门及有关行业主管部门。因此，各级政府工商行政管理等部门承担着对网络广告的监管职责。但从实际情况看，工商行政管理部门名义上是网络广告的监管主体，但由于法律法规的不健全，以及网络广告传播速度快、传播范围广等特征，网络广告监督工作量巨大，使得我国网络广告监管工作的主体责任难以落实，常常处于失位、缺位的状态。正因如此，一些不法网络广告主、广告经营者或网络平台企业利用监管漏洞，展开恶性竞争。所以说，工商行政管理部门主体责任落实的缺失，造成了监管主体某种程度的"真空"，导致了网络广告行业发展的失序状态。

执法体制不顺。就网络广告的监管而言，面对海量信息、样态繁多、变化之快的网络广告，政府工商行政管理机关往往是疲于应付。其他相关行业的政府主管部门如信息产业、文化、卫生、公安、药监等政府机构政出多门、衔接不紧，难以形成针对网络广告监管的整体合力。

执法队伍不强。由于网络广告是一种通过网络技术而产生的新型广告形式，特点鲜明，技术性强，导致我国政府部门的行政监管人员对于网络广告监管的意识不强，监管理念不新，常常依照传统广告监管的老办法、老规矩来办案，不仅经验不足，显得吃力，更不用说提高网络广告监管能力了。

技术条件不足。我国的网络广告行政监管部门普遍缺乏技术环节的支撑，从网络广告信息的收集、到内容过滤、再到发布过程的动态监控都缺乏行之有效的技术基础，以及专业的网络广告监管软件，监管技术手段的匮乏，给行政监管和执法带来了很大制约。

4. 监管程序缺失

现行的《广告法》《广告行政管理条例》等法律法规，基本上是以传统媒体广告为监管对象的。2015年以后，新修订的《广告法》虽然将网络广告也纳入了监督管理的范围，但是在监管执法的具体程序上，基本上还是沿用已有的传统广告的监管执行程序。由于网络广告传播媒体、传输方式、传播范围、传播的技术手段的复杂性，跨地域或跨国界是常有的事，专门针对多网络广告的资格准入、资质认定、内容审查、动态监测、违法界定、调查取证、依法处罚等，都还没有具体明确的相应规定，各程序环节也不好衔接，在监管和执法的程序上存在很大的缺失问题。

2016年7月国家工商管理总局出台的《互联网广告管理暂行办法》，虽然针对互联网广告范围，包括传播媒介（网站、网页、互联网应用程序）、形式（文字、图片、音频或者其他形式）以及五大类型（即网上传输的各种链接广告、电子邮件广告、付费搜索广告、商业性展示广告、商业广告）等，以外延描述的方式做了较为具体明确的规定，但是面对网络技术的不断升级换代，特别是电信网、广播电视网、互联网"三网融合"的新态势，网络广告产业和市场又有了许多新变化，这个《暂行办法》仍然显得有些滞后，监管上尚有很大的局限性。

（三）网络平台监管存在的问题

2016年7月，我国工商行政管理总局颁布的《互联网广告管理暂行办法》明确规定："媒介方平台经营者、广告信息交换平台经营者以及媒介方平台成员，对其明知或者应知的违法广告，应当采取删除、屏蔽、断开链接等技术措施和管理措施，予以制止。"这可以理解为我国法律法规规章对网络平台的广告监管职责的授权。但是在过去的一段时间里，由于法律规范不明晰，加之网络平台出于自身利益的驱使，网络平台并没有承担起相应的监管责任，甚至有意规避政府的监管，使网络平台对于网络广告的监管存在着诸多现实问题。

1.网络平台监管动力不足

以"魏则西"事件为例，出生于咸阳的魏则西，本是西安电子科技大学的一名大二学生，2014年偶然发现患有滑膜肉瘤，这是一种极难治愈的恶性软组织肿瘤，生存希望渺茫，为了配合治疗，魏则西甚至休学、降级。从2014年至2015年的近一年时间里，魏则西先后在武警二院接受了4次化疗、25次放疗，吃了几百服中药，经历了3次手术，花了20多万元，治病的巨额花费将家里积蓄掏空。在魏则西的病情被确诊之后，学校的老师和同学在学校的各个公共场所设置了募捐箱，同时还通过义卖、义演等活动一共筹得现金8万多元，希望能够为校友出一分力、献一分爱心。但事与愿违，天不遂人愿。2015年4月，魏则西再次休学，随后病情迅速恶化。2016年4月12日上午8时17分，魏则西在咸阳的家中去世，年仅22岁。

"魏则西事件"引起了社会的广泛关注并持续在网上发酵。虽然从客观上来讲，他的病治愈的可能性微乎其微，但他生前在知乎网站上发出的质疑，仍然把一个利益链条展现在我们面前。有网友这样总结："莆田系负责挖坑，等着绝症患者往里跳；北京武警第二医院贴着公立医院的招牌来招揽患者，为莆田系提供欺骗患者的场地；百度则给了患者假指引、假路牌，使全国各地的患者聚集到这里，上当受骗。"除了对上述三个责任方的指责之外，舆论的焦点还放在了监管部门监督缺位的问题上，正是因为监督力度不够，才让问题长期存在。具体来说，一家公立三甲医院是否可以外包科室，以及科室医疗方法是否合乎临床应用准入标准，这些问题都是如何审查通过的？让人感到困惑不解。

再有，《广告法》第四十六条有明确规定："发布医疗、药品、医疗器械等广告，应当在发布前由有关部门对广告内容进行审查；未经审查，不得发布"。那么百度竞价排名所提供的广告链接，是否通过了有关部门的审查？另外，百度方面的竞价排名究竟算不算广告，也一直没有明确的判定。因为缺乏明确法律法规，监管难度可想而知。在这起事件中，百度再一次被拿来同谷歌作对比，比如说同样的关键词搜索，谷歌明确标注哪些是广告、哪些是信息，而百度的区分则显得很模糊。谷歌提供的医疗信息出处也很明确，都是一些著名医疗机构的实名专业人士，而百度提供的很多信息，网友都不知道是何人撰写。双方的责任感高下立判。

虽然说网络平台对于网络广告的监管是属于行业自律的范畴，可也必须要坚持在《广告法》体系范围之下，但是由于我国《广告法》和相关法律法对于网络平台的规制存在着一定的漏洞和缺失，造成了网络平台在进行行业自律监管的具体操作层面上缺乏具体的行为准则和指导依据。由于网络广告的特殊性，已经使得监管主体关系变得十分复杂，在监管过程中出现了诸多细节性的问题，各个网络平台在面对棘手问题的时候，也只能根据自身发展特点而各自为战。

尽管 2003 年 9 月，为响应中国互联网大会"坚决抵制互联网上有害信息"的号召，网易、新浪、搜狐三大门户网站在北京同时宣布了成立我国无线互联网行业"诚信自律同盟"的发展战略规划，并共同制定同盟规范，坚决杜绝任何侵害消费者行为的发生。但是就目前的情况来看，这仅仅是一种表面现象，整个行业间缺乏充分的沟通，对于网络广告监管问题也没有达成共识。各大门户网站都根据自身发展的需要进行单独监管，没有真正形成整个行业的协同监管，这也是网络平台对于网络广告监管一直以来缺乏内在动力的原因。

2. 网络平台监管权责不清

（1）网络交易平台监管的必要性

在电子商务活动中，网络交易平台是为交易双方或者多方主体提供信息服务和网络交易空间的系统综合。从当前的网络经济发展趋势来看，网络交易平台已然成了电子交易活动的主要形式和场所，占 B2B 市场份额超过 73.5%。近年来，网络交易规模快速增长。2008 年，我国市场交易规模由 3.15 万亿元，2013 年增加到的 9.9 万亿元，网上购物交易额达到 13205 亿元。随着网络购物的蓬勃发展，网络交易中的专利侵权行为日益频繁发生。据统计，2011 年在阿里巴巴交易平台上，60% 的知识产权投诉涉及专利权；淘宝网每天接到的知识产权投诉中，10% ~ 20% 涉及专利权。在 2012 年的 3·15 晚会上，消费者投诉网络购物占第一名。据统计，2011 年淘宝网处理的专利侵权投诉为 14400 余件，而同期全国知识产权局系统处理的专利案件为 3017 件，受理的展会专利投诉为 1110 件，全国地方人民法院共新收专利一审案件 7819 件，淘宝网受理的专利侵权投诉超过司法和行政执法部门受理的专利案件总和。可见，如果网络交易平台上的专利侵权投诉都转到司法或行政部门，将是"难以承受之重"。

（2）网络平台监管的利弊分析

在各大网络平台企业里，从保护消费者和维护企业自身声誉及利益的角度，网络平台在内部监督上都设有专门的机构，如淘宝网的"消费者维权中心"，处理消费者投诉，这是平台企业的一种自我约束性行为。大体上有三种方式：一是对违规卖家侵权行为的制约。对于投诉人举报的属实的侵权行为，通过修正商品的展示信息，适时控制侵权行为。二是对违规卖家平台服务的制约。例如，阿里巴巴采取店铺商品搜索降权、查封支付宝账户等惩戒措施的累计扣分制。三是对违规卖家信用评级的制约。对于违规卖家的信用评级进行下调，对违规行为的惩戒，以约束将来的交易，如阿里巴巴对涉及的所有用户包括境外用户都纳入监管体系。但是必须看到，网络平台企业拥有双重身份，具有个体性与公共性双重属性。作为独立的市场主体，以追求利润最大化为目标。所以，网络平台企业的自我监管虽然效率高，但存在"当事人"角色的局限，同样有"失灵"现象。其原因在于：其一，这种约束的依据是商业服务合同，虽然具有契约约束效力，但是没对网络经营主体追究司法责任和行政处罚的权力；其二，约束行为是基于追求利益的主要目标，为了保持用户规模，对违规行为约束有限，很难保障"第三方"中立地位，如 2015 年，阿里巴巴针对网络商品正品率而叫板工商总局的事件；其三，网络平台企业交易是网上进行的，范围广、对象多、数量大、品种杂，商品展示、规格标准、交易程序等，逐项审查不现实，难度大，许多网络平台企业经常感到力不从心，致使诉讼案频繁发生。

（3）网络平台监管与政府监管的互补性

在当前的网络平台发展现状中，网络平台运营商根据自己制定的规则对网络平台用户进行监督和管理，而政府行政监管部门则对网络平台用户的交易行为进行规制。与网络平台企业同样以追求利益的最大化为目标，决定了它承担公共责任的有限性，需要政府介入其内部管理。我国《侵权责任法》确立了网络服务厂商应该履行的"通知规则"和"知道规则"，具体指网络服务提供者有审查核实相关信息是否侵权的注意义务，为防止和制止专利侵权应承担的提醒和谨慎义务。2010年和2011年，国家市场监督管理总局和国家商务部相继出台了《网络商品交易及有关服务行为管理暂行办法》和《第三方电子商务交易平台服务规范》。在这两个规定中，分别提到了为减少经营违法行为的发生，网络平台的经营者有义务协助工商管理部门对网络经营主体实施监督。但是，不乏监管成本过高、监督效率过低、监督角色缺位等问题。从另一个角度来看，网络平台企业的自我监督机制，具有政府行政机关、行业组织等所不具备的优势和特点，即内在动力足、针对性较强、规范作用明显。因此，网络平台企业与政府监管部门在监管上可以说是各有各自的优势。如果相互衔接、配合，可以产生综合治理的作用，这两个方面不可缺失有偏。因此，有学者倡导："为确保良好的市场秩序、公平竞争的市场环境、稳定的交易价格，以及消费者权益不受侵害，平台型网络市场同时受到平台与政府的双重管理，即为'平台—政府'双元管理范式。"这种双元管理事实上对网络平台企业包括网络广告经营主体已经在运用，并取得了比较实际的监管效果。

二、我国网络广告的监管体系建构

我国网络广告产业发展及其市场的形成，是网络经济时代发展的必然产物。网络广告监管上出现的诸多现实问题，在很大程度上源于监管体系建构的结构性缺陷和失衡。而有效监管网络广告的根本出路，还在于在总结和坚持传统有效做法的同时，突破现有广告监管法律规制、行政规制、行业自律和社会监督等方面的监管理念和旧有范式，实现网络广告管理由传统广告监管向现代广告治理的全面转型，对我国网络广告的规制体系进行改进完善和重新建构，寻找出重塑网络语境下的网络广告有效监管的实现路径。

我国网络广告监管模式的形成，既适应了网络经济时代和信息技术的发展要求，也体现了我国市场经济特别是网络经济时代的运行现状，因此，现有的广告监管模式是极具"中国特色"的模式，有其长处，也有不足，需要在实践中不断地加以完善。要分析我国网络广告的监管模式，首先就要把握监管模式的主要特征：

我国网络广告监管体制是政府主导型的行政监管模式。其突出特点就是："政府监管为主、行业自律为辅"，在网络广告的监管中，借助政府的行政力量和资源，以国家相关部门制定和通过的有关广告管理政策、法律、法规为主要手段来对网络空间中的广告活动进行监管。虽然我国网络广告监管体系是由政府行政监管规制、行业自律规范和社会监督约束几个方面构成的，但由于政府之外的其他监管力量如广告行业自律和社会监督机制比较弱小，对政府监管的依赖性比较强，这与中国网络广告业自律文化的缺失有关。

在中国传统广告监管体制中，有明确的监管主管机关即各级政府工商行政管理部门。网络广告属于广告的一种形态，也在工商部门监管的范围内。2015年修订后的《广告法》已经将网络广告纳入了工商等行政管理部门的监管范围。从国务院明确的职能分工来看，国家市场监督管理总局是网络广告行业监管的主要部门，具有法定的广告监管职能，同时也承担对网络广告行业进行行政指导的职责。在管理体制上，省以下工商行政管理局实行的是垂直管理。

我国的广告监管体制是一种多部门协作的广告监管模式。除了工商行政管理部门对广告的监管外，特定的行业主管部门也对监管负有责任。比如，各级宣传部门对广告宣传导向的管理，广播影视部门对广播电视广告管理等，还有如卫生部门对医疗广告，食品药品监督部门对药品广告，农业主管部门对农药广告、兽药广告要进行前置的审批。对于网络广告的监管仍然延续着这样一种监管模式，只不过涉及的协作管理部门更多了，如通信管理部门对互联网广告有配合工商局管理的相应责任。

上述特征的归纳和总结，客观地反映出了我国网络广告监管上体制、机制、管理模式上的深层次问题，难以适应网络经济发展和现代社会治理的时代要求，全面推进适应时代发展要求的现代网络广告监管体系建设已经势在必行。

（一）我国网络广告监管体系建构的前提

从1997年第一条网络广告发布至今，中国的网络广告已经走过20多年的光景，网络广告市场的发育日益成熟。对于网络广告的监管规制，也从乱象丛生的失控期（1997—1999），历经探索期（2000—2002）、雏形期（2003—2006）、成长期（2007—2014），再到法律规制、行政规制、行业自律、社会监督体系初步定型的强化期（2015年《广告法》修订以来），网络广告的监管由空白到杂乱再到有序规范，开始走上规范化、制度化、法治化的轨道，开启了网络广告管理由传统监管型向现代综合治理的全方位转型的历程。从目前网络广告监管体系建设来讲，基本上具备了三大前提条件。

1.理论前提：推进我国治理体系和治理能力现代化的理论建构

理论源于实践，也指导实践。2014年10月28日召开的中共十八届三中全会，做出了全面推进依法治国的重大决策，这在中国行政体制改革的发展史上，是一件具有里程碑意义的大事。在中央的《决定》中第一次提出：要全面深化改革、推进国家治理体系和治理能力的现代化。这是适应我国社会的全方位转型、实施全面依法治国的重要举措，也是完善社会主义制度的重大理论突破。对于国家治理体系的概念，目前国内学术界有不同的理解，主要有两种观点：一种观点是把国家治理体系理解为一种国家的制度体系；另一种是把国家治理体系理解为由众多结构要素所构成的完整系统。习近平指出："国家治理体系和治理能力是一个国家的制度和制度执行能力的集中体现，两者相辅相成。我们的国家治理体系和治理能力总体上是好的，是有独特优势的，是适应我国国情和发展要求的。同时，我们在国家治理体系和治理能力方面还有许多亟待改进的地方，在提高国家治理能力上需要下更大气力。"习近平还在 2014 年 1 月 1 日发行的《人民日报》上发表文章指出："国家治理体系是在党领导下管理国家的制度体系，包括经济、政治、文化、社会、生态文明和党的建设等各领域体制机制、法律法规安排，也就是一整套紧密相连、相互协调的国家制度；国家治理能力则是运用国家制度管理社会各方面事务的能力，包括改革发展稳定、内政外交国防、治党治国治军等各个方面。"他不仅阐释了国家治理体系和治理能力现代化的基本内涵，而且要求我们要切实把思想统一到党的十八届三中全会精神上来。正所谓"一石激起千层浪"，推进国家治理体系和治理能力现代化作为我们党探索社会主义社会治理取得的最新成果和重大战略，自从提出就引起了全社会的普遍关注。

学术界对这一重大理论问题进行了持续广泛的探讨。陕西省社科院政治与法律研究所助理研究员张燕玲认为，习近平关于国家治理体系的理论阐释，从政治属性、治理结构、治理目标三个方面，具体阐释了国家治理体系现代化建设的内涵。在政治属性上，这个治理体系是中国共产党领导和推动下治国理政的制度体系及其程序，集中体现了中国特色社会主义制度的本质；在治理结构上，这个治理体系包括了经济、政治、文化、社会、生态、党的建设在内的六大系统；在治理目标上，就是要实现国家治理体系的规范化、法治化、民主化、效率化、协调性五个方面。同时她也指出，社会公共事务的多方合作治理才是真正的认识并把握了治理能力现代化的精神，才是有效的治理；从权力运行角度讲，有效的政府治理，必须合理定位政府职能；从组织结构角度讲，有效的治理，必须以科学合理的政府组织结构为基础，重点是要优化政府职能配置、机构设置、工作流程，完善决策权、执行权、监督权既相互制约又相互协调的行政运行机制，用机制再造流程、简事减费、加强监督、提高效能。对于国家治理体系和治理能力的现代化，最高人民法院副院长江必新认为，就是要运用法治思维和法律制度治理国家，把具有中国特色的社会主义各项制度优势转化为治理国家的效能。中央编译局原副局长俞可平对现代化的国家治理体系具体界定了五条标准：一是公共权力运行的制度化和规范化，即政府治理、市场治理和社会治理都有完善的制度安排和公共秩序；二是民主化，即公共治理要从根本上体现和保障人民的主体地位；三是法治，即不允许任何组织和个人有超越法律的权力；四是效率，即有利于提高行政效率和经济效益，有效维护社会稳定和社会秩序；五是协调，从中央到地方各个层级，从政府治理到社会治理，是统一的整体，相互协调、密不可分。对此，中国社会科学院研究员辛向阳指出，这两种观点都有一定道理，但也有其不足。他认为，"国家治理体系是通过研究和学习治理理念精神，把握治理理念本质，从而建立的能够使国家顺利运行的机制体制。"他还具体辨析了国家治理体系和治理能力现代化的基本标志。关于国家治理体系的现代化标志：其一，基本制度符合现代化的国家治理（公共治理）；其二，权力交接有制度安排而平稳有序；其三，是以现代化的治理理念和现代技术为支撑的组织体系；其四，治理成本较低而效能较高：其五，廉洁治理、风清气正。关于国家治理能力的现代化标志：一是以制度为基础处理各种重大关系（中央与地方、党与政府、政府与市场、政府与公民等）；二是各个治理主体到位不越位、有为不乱为，达到竞争有序、调控有度、积极有为、创业有利；三是形成让一切劳动、知识、技术、管理、资本的活力竞相迸发，以及让一切创造社会财富的源泉充分涌流的局面。

　　总之，中共中央关于国家治理体系和治理能力现代化的提出和阐释，不仅是当代中国的深化改革的"方向标"，也为中国的发展建设提供了"源动力"。网络广告的科学治理作为整个市场经济秩序治理体系中的重要内容，也必然纳入整体中国治理体系和治理能力现代化建设的总体布局当中，并为科学有序地构建网络广告的治理体系及模式，提供了基本的理论指导和政治保障。

　　2.制度前提：我国网络广告市场的法律规制体系的初步建构

　　法律规制系统是政府依法监管行为的前提条件。经过中央和各地方政府多年来的努力实践，政府规制网络广告的法律规制体系得到进一步的完善，初步形成了以《广告法》为核心和主干，以《广告管理条例》等行政法规为必要补充，以国家市场监督管理总局单独或同有关部门共同制定的行政规章和规定为具体操作依据，以地方行政规定和相关司法解释为实际针对性措施的多层次法律体系。

　　在法律规制的层面，1995年2月1日出台的《中华人民共和国广告法》，是广告法律体系的主干核心，不仅是制定广告规制行政法规、地方性行政法规和行政规章的依据，也是广告司法和广告执行的法律依据，在规范我国广告市场秩序、保证经济健康发展上，起到了重要的法律规制作用。适应互联网技术与广告产业的融合发展，网络广告应运而生而且发展迅猛，所占市场份额越来越大，广告监管缺失的问题也相应出现。为了规范广告行为、维护市场秩序，保障广告产业的健康有序发展，2015 年 4 月 24 日，全国人大审议通过了新修订的《中华人民共和国广告法》。《广告法》是广告法律体系的主干和核心，这种重新修订不仅十分必要，更具有体系建构上的重大意义。在法律层面《广告法》与国家颁布的其他法律相配合共同发挥法律效力的如《反不正当竞争法》《消费者权益保护法》《药品管理法》《食品卫生法》《产品质量法》《烟草专卖法》《文物保护法》《专利法》等法律，都有涉及广告的规范内容，在规制广告活动上起着直接或间接的作用，是我国广告法律规制体系的重要组成内容。

　　除了上述基本法律外，在行政法规、行政规章和司法解释等层面，相应的法律规制也在日益完善。1987 年颁布的单行广告法规《广告管理条例》作为《广告法》的必要补充，仍然在行政法规的位阶上继续发挥作用。2004 年发布的《广告管理条例实施细则》，是依据《广告法》和《广告管理条例》而制定的具体规定，有很强的针对性和操作性，同时又处于不断充实完善的过程中。还有，由国家市场监督管理总局根据广告管理实际需要和行政执法中发现的问题而下发的近百个行政文件，如《关于限期输广告经营资格检查的公告》《关于发布违法广告但未收取广告费案如何认定问题的答复》《关于严禁在商业广告中使用国家机关名义的紧急通知》等，构成了广告法律体系的基本架构。此外，地方性法规和规章，具有因地制宜的特点，也是我国广告规制法律法规的重视补充，为完善国家的广告法律体系提供了有益的实践依据。除了上述法律法规和部门规章，司法解释在维护广告市场秩序、加强广告监管中也扮演着重要的角色，如最高人民法院、最高人民检察院于 2013 年 5 月 3 日发布的《关于危害食品安全刑事案件适用法律若干问题的解释》等，对于规范食品广告行为、维护食品安全方面也起到了相应的规范作用。总的来说，网络广告作为广告产业的一种新业态，自然也会受到广告法律规制体系的约束和调整。

　　针对网络广告的特殊性，国家及各地工商行政管理等部门也已经制定出了一些相关的规章制度。例如，2000 年 5 月，北京工商行政管理局发布的《关于对网络广告经营资格进行规范的通知》，已开始对网络广告经营者的经营资格进行规范。同年 8 月，又发布了《经营性网站备案登记管理暂行办法》以及《经营性网站备案登记管理暂行办法实施细则》，对经营性网络实施统一备案登记制度。2001 年 3 月，又发布了《北京网络广告管理暂行办法》，正式为网络广告法律规制立规。2002 年 2 月，浙江省工商局颁布了《浙江省网络广告登记管理暂行办法》，为网络广告发放准入证；2008 年 1 月 1 日，开始正式施行《浙江省广告管理条例》，明确将网络广告纳入规制范围并有相应的管理办法。在探索实践的基础上，为了适应进一步规范广告活动、促进广告业健康发展和保护消费者利益的需要，2015 年 4 月国家颁布的新《广告法》，明确将网络广告纳入监管的范围中。2016 年 6 月，国家互联网办相继发布了《互联网信息搜索服务管理规定》《移动互联网应用程序信息服务管理规定》。2016 年 7 月，国家市场监督管理总局颁布了《互联网广告管理暂行办法》，针对互联网广告的特点，着眼解决互联网广告中发布链条长、参与主体众多等特殊问题，对网络广告活动的各类主体的权利义务、法律责任进行了划分和规制，具有较强的针对性和可操作性，进一步提高了网络广告监管执法的规范化、程序化、制度化、法治化水平。2017 年 1 月，中办、国办印发了《关于促进移动互联网健康有序发展的意见》，就移动互联网管理提出了六个方面 24 条具体意见，坚持政策引导与依法管理相统一，对移动互联网信息服务实行分类管理。2017 年 5 月，国家互联网办公布了《互联网信息内容管理行政执法程序规定》，共 8 章 49 条 17 个附件，为互联网信息内容管理部门依法履行行政执法职责提供了政策依据。

总之，这一系列的法律规制的出台及实施，构建形成了我国现行的广告法律规制，涉及法律、行政法规、行政规章及其他规范性法律以及司法解释四个层面的针对广告市场包括网络广告监督管理的法律规制体系，尽管需要随着时代发展加以修改完善，但这些法律规定无疑为指导我国网络广告监管体系建构提供了基本的制度遵循。

3. 技术前提：我国信息网络技术的高速发展并日臻成熟

我国接入国际互联网虽然仅有 20 多年的时间，但发展成就是令人瞩目的。2015 年 1 月 12 日，国家工信部中国电子信息产业发展研究院和中国信息化周报联合举办中国信息化发展十大趋势发布会，并发布了《2014 年中国信息化发展水平评估报告》。根据这个《评估报告》统计：全国信息化发展指数 2014 年为 66.56，与 2013 年相比，增长 5.86。其中，网络就绪指数为 60.94，增长了 10.05，增长率达到 19.75%；信息通信技术应用指数为 69.38，增长了 3.05%；应用效益指数为 72.19，增长了 3.11%。报告表明，全国信息化发展明显高于同期 GDP 增速，三大分指数中网络就绪指数增长最大。中国电子信息产业发展研究院 2015 年的中国信息化发展水平评估，在 2014 年信息化发展水平评估的基础上，对原有的指标体系进行了重新的调整优化。依据新的指标体系和数据采集方法，完成了 2015 年的评估报告。报告显示，全国信息化发展指数 2015 年为 72.45，与 2014 年相比，增长了 7.69。其中网络就绪指数为 73.31，增长了 12.25；信息通信技术应用指数为 70.86，增长了 6.1；应用效益指数为 73.93，增长了 1.78。可见，2015 年全国信息化发展仍然高于同期 GDP 增速。从各省份的数据来看，2014 年全国所有省份信息化发展总指数均有不同程度的提升。互联网技术的不断升级进步，平台型就业、自主型就业得到快速发展，延伸出了许多新的就业形态，引发了部分社会职业的新旧交替。一些新生职业，如快递员、网约车司机、在线客服、数据分析师等职业群体日益壮大，传媒策划师、游戏动漫设计师、酒店试睡员等职业也悄然兴起，这些新兴职业都明显带有互联网属性。据统计，我国网店直接带动就业累计超过 1500 万人。另据《中国分享经济发展报告 2016》显示，2015 年，中国分享经济规模约为 1.9 万亿元，参与提供服务者约为 500 万人，参与分享经济活动总人数已经超过 5 亿人。尤其值得一提的是，我国农村电子商务近年来也得到了长足地发展，特别是绿色农产品、乡村旅游、餐饮、休闲服务等成了农村电子商务的新亮点。根据商务部统计的大数据显示，2017 年第一季度，全国农村网络零售额达到 2504.3 亿元，同比增长了 36.6%。

信息通信技术的数字化、网络化、智能化的快速发展，不仅在引领生产的新变革、创造生活的新空间，也在拓展国家治理的新领域，极大地提高了人类认识和改造世界的能力。互联网是技术密集型产业，是技术更新升级最快的领域之一。网络广告依托的载体是网络媒体和信息数据，对其实施有效的监管必须以强有力的专业技术支撑为保障。网络广告市场在中国从起步到今天，除了法律法规、体制机制、人员队伍等方面的因素外，一个很重要的方面就信息技术的因素。从网络广告的发展态势看，网络广告日趋地高智能化、与受众互动也在日益增强，对于网络广告技术监管的手段要求也越来越高。与西方发达国家相比，网络广告监管上的缺失滞后，很大程度上有技术滞后的因素。如今，中国信息网络技术已经从跟跑到并跑，而且已经开始冲击领航者角色。目前我国有 7 亿多网民，固定宽带接入数量达到 4.7 亿，多家互联网企业已经进入全球 10 强。中共十八届五中全会、"十三五"规划纲要对我国全面实施网络强国战略、"互联网 +"行动、大数据战略等做出了具体部署。十二届全国人大高票通过了国家《网络安全法》，2016 年 7 月，中办、国办印发了《国家信息化发展战略纲要》，国家网信办也发布了《互联网信息搜索服务管理规定》《移动互联网应用程序信息服务管理规定》等一系列规范管理文件，我国互联网发展已经走上了科学发展的快车道。2017 年 2 月 7 日，中办、国办又制定印发了《国家电子政务总体方案》，明确了国家电子政务建设的指导思想、基本原则、总体架构和建设内容，就全面推进政府的电子政务建设、建设网络强国进行了顶层设计。这无疑也为中国的法治建设包括依法治理网络广告市场，提供强有力的技术前提。

（二）我国网络广告监管体系的构成要素

从系统论角度讲，体系是由众多结构要素所构成的完整系统。网络广告监管本质上是一种规范控制行为及其活动，属于广告监管的范畴，它受到诸多因素影响和制约。从构成要件来讲，包括由监管主体、监管对象、法律规制、体制机制、技术系统、市场环境等要素；从规制主体角度来讲，则包括政府机关、行业协会、社会规制主体、广告企业等要素；从监管规制方式来说，这个系统又包括法律规制、行政监管、行业自律、舆论监督等要素组成的系统。目前，我国现行的互联网监管系统，来自承担监管政策法规制定者、组织实施者或监督反馈者的各级政府管理部门、行业自律组织、互联网平台企业等，这些部门（单位）或组织是主要的监管构成主体，形成我国整体体制的基本架构。本文从监管活动中由"谁来管""管谁""怎么管"等角度，具体分析网络广告监管体系中的主要构成要素。

1. 监管主体

政府职能部门——行政监管机构。我国现行的广告监管体制，包括对网络广告活动的监管，是以政府监管为主。因此，在网络广告的监管主体上，又可分为主管机关和协管部门两类。根据《广告法》和《广告管理条例》的规定，各级政府管理部门是法定的网络广告监管的行政主体，是执法者，依法行使行政监管职权。其具体职能包括：（1）负责网络广告的立法和法律解释；（2）负责网络广告经营主体资格的审核；（3）负责网络广告的过程监管；（4）负责网络广告违法案件的查处与复议；（5）协调服务与行业指导五项职能。

由于网络广告的复杂性，涉及国民经济的各个部门，只靠行政管理机关执法，难以实现对网络广告有效的监管。所以，在对广告监管的实际工作中，特定的行业主管部门或单位，如宣传、新闻出版、卫生、食药监、中医药、广播电影电视等部门，也对网络广告监管负有相应的审查管理责任，这些相关职能部门主要职责是，在广告代理和发布前，对广告主的主体资格、广告发布的信息内容、广告形式等要进行审查，并出具证明文件。这种行政性审查涉及的商品主要有：药品、医疗、医疗器械、农药、兽药、保健食品等重要商品。

广告行业协会——行业自律组织。广告行业协会参与广告市场的监督、治理，代表本行业维护行业利益，实际上是一种内部的自我约束机制。从1983年中国广告协会创立开始以来，依托各级行政部门，从上至下都相应地成立了广告协会，是政府工商行政管理部门指导下的广告行业组织，属于非营利性社会团体组织。各级广告协会组织具体的职能定位，主要是广告界的行业自律、规范发展、指导服务、自我监督，实际上充当了政府与广告企业之间的"中间人"角色，一方面是政府指导规范、联系服务广告企业的"桥梁"和"纽带"，另一方面也是反映广告企业等的利益诉求的"代表"和"窗口"，在广告监管中有着政府无法替代的角色作用。

2007年6月14日，经国家市场监督管理总局和民政部批准，中国广告协会互动网络委员会在北京成立，这是在互联网web2.0以及web3.0来临时代，互联网高速发展时期，为了维护网络广告信息的真实性、可靠性，由具有权威性的传媒企业共同发起的民间协会组织。在成立大会上通过并签署了我国第一部自律守则——《中国互动网络广告行业自律守则》，对各成员进行规范与管理。《自律守则》涉及的主体包括广告主、网络广告经营者、网站及其他与网络广告活动的公司及个人。服务受众中包括互联网企业、大型门户网站、地方门户网站、垂直网站等，成员有：保利传媒、易传媒、中视传媒、分众传媒、光线传媒、本山传媒、华视传媒、华谊兄弟、风驰传媒、仁合传媒等。

社会监督组织——民间治理力量。社会公共治理是当代治理的基本趋势，随着我国经济社会的转型发展，我国社会的治理结构也在发生着重大的变化。除了政府继续发挥着社会治理主要功能之外，大量的社会组织、民办非企业单位等蓬勃发展，代表着社会中多样化阶层的利益，参与到社会的治理当中，与政府、行业自律组织构成了中国治理体系的重要组成部分。在网络新媒体发展的新形势下，网络广告已经深深影响了人们的日常生活，对网络广告的监管仅仅依靠单一的政府行政监管远远不能适应社会治理的要求，行业自律组织对业内的自我约束规范，由于受到政府行政管理部门的影响，缺少相对的独立性，自我的规范约束也是有限度的。因而，重视发挥如消费者协会、新闻舆论媒体等民间机构的社会监督作用，利用微信、微博、论坛、博客等舆论媒体进行搜索曝光、热点评论，甚至公开点名要求政府行政机关作出相应处理等方式，向违法的网络广告相关主体施加压力，造成舆论监督氛围，成了网络广告监管的有益补充，是对虚假违法广告有效治理的不可或缺的重要约束力量。

1984年12月，为了对商品和服务进行监管和管理，国务院批准成立了中国消费者协会，这是旨在保护消费者合法权益的全国性组织。中国消费者协会的组织机构是理事会，采取会长负责制，常设秘书长、专职秘书长等职位，并有日常性的工作机构，并且消费者协会的经费由政府资助和社会赞助。目前，省级以上的消费者协会有31个，地方消费者协会总数已突破3000个。同时在农村乡镇，城市街道设立的消费者协分会，在村委会，居委会，行业管理部门，高等院校等组织团体中设立了监督站、义务监督员等监督服务岗位，目前，维权志愿者 10 万余名，联络站等各类基层网络组织达 15.6 万个。

2. 监管客体

政府工商管理部门与网络广告活动的当事人之间的关系，本质上是一种行政管理的法律关系。在网络广告的监管体系中，被监管的对象则是监管的客体，是构成网络广告监管体系的基本要素。在这个客体中涉及广告的投资者、广告制作企业和网络媒体，形成了广告经营活动相互依存有机联系的利益链。政府过去对广告监管涉及的这三方是界限分明的，监管也是有序的。但是在网络新媒体下，这个监管的客体身份相互交织叠加，具有了监管对象的特殊性。由于利益的驱动，这三大主体常常利用网络广告监管的法律缺陷，逃避政府的监管。但从政府的监管角度说，网络广告监管工作量大、情况复杂、范围广，监管常常力不从心，如何调动企业被监管对象自我约束的积极性，实现自我规制，也是一种必然的要求。网络广告的三大主体：广告主、广告经营者、广告发布者，既是政府行政监管的客体，又是自我监管的主体，既是监督者，又是被监督的对象。就网络广告本身来讲，也离不开他们的自我审查式的自我监督。20 世纪 80 年代后期，我国逐渐建立起了由广告经营者和发布者共同参与，并以广告经营者为主体的广告审查制度，由广告经营者、发布者和广告主，在广告发布前，对广告进行自律性的审查把关。网络媒体作为网络广告的主要经营者和发布者，在其内部或设有专门参与审查的具体管理部门，涉及合同管理、广告投放、法律事务等方面的审查。这些部门各司其职、相互协作，从各自职责角度对网络广告进行审查，并提出广告是否合格的审查意见。网络媒体的自律审查通常包括：对页面的审查，对广告形式的审查和对广告内容的审查。按照我国现行的广告监管的法律规制，每个广告发布单位要发布广告，都应有专门审查资质的广告审查员，从广告开始制作到广告发布的整个流程中，对广告内容进行自律性的审查。除了对网络广告进行审查之外，一些网络媒体还会对广告客户进行培训，协助客户规范自身的广告行为，这也是一种有效的自律规制方式。

3. 规则系统

在网络广告监管的体系中，连接监管主体与监管对象的制度纽带，就是监管规制，它决定着监管体制、执行机制，体现着监管的运行模式。从大的方面讲，"网络广告规制是政府或社会对网络广告产业主体及其行为的监管，它包括法律规制、行政规制、行业自律规制和社会规制等方面"，构成了我国的网络广告监管的规制系统。目前，我国对网络广告的监管，形成了以政府规制为主、行业自律规制和社会规制为辅的政府主导型规制模式，其中，政府规制最重要的手段，是法律规制和行政规制。

从我国现行的广告法律规制体系看，基本上是以《广告法》作为核心和主干，以《广告管理条例》《广告管理条例施行细则》等行政法规作为必要的补充，并以国家行政管理总局单独或会同有关部门共同制定的行政规章和规定为具体操作为具体行政执法的依据，如 2016 年 7 月，国家市场监督管理总局最新颁布的《互联网广告管理暂行办法》等，以及以地方行政规定和相关司法解释为实际针对性措施的多层次法律体系。

从我国现行的行政规制体系看，是以法定的工商行政管理部门垂直型的组织体系监管为主，其他行政部门按照网络广告的商品或服务属性，或按照其所依托的媒介载体的不同，根据各自的职能分工，各司其职，各负其责，从而形成了工商牵头抓总、其他职能部门配合的通力协作的监管架构。这与西方国家，如美国以行业自律为主、政府规制为辅的网络广告监管模式有很大的不同。

伴随着我国社会主义市场经济的不断发展，以及现代社会治理理念的广泛应用与实践，在广告规制体系建设上，行业自律规制和社会规制体系建设也得到很大的加强和改进。但从实际情况看，我国网络广告行业自律和社会监督还相对比较弱，各级广告行业协会依附政府行政管理部门，带有"半官方"的色彩，发挥的作用还比较有限。在消费者协会、新闻舆论单位及广大消费者参与网络广告的治理上，由于发挥监督的能量有限，以及与广告企业之间存在的错综复杂的利益关系、规制成本较高，也使网络广告受众在维权上面临着诸多的困境。

4. 市场环境

网络广告监管环境是网络广告监管主体、监管对象及监管活动赖以存在的社会基础，是构成网络广告治理体系建设不可或缺的构成要素。网络广告市场的所有行为活动，都是在各个活动主体与其依存的网络广告市场生态环境的交互作用中实现的。现代公共治理理念要求市场必须拥有良好的竞争秩序与和谐稳定的社会关系，所以，网络广告的监管工作应加强工作主体与监管对象之间的互动，积极推动诚信建设与和谐社会关系的形成。为了推进社会信用体系建设，2014 年 6 月，我国政府印发了《关于印发社会信用体系建设规划纲要（2014–2020 年）》，对于全面推进我国政务诚信、商务诚信、社会诚信和司法公信建设，进行了顶层计划和全面规划。其中，专门把会展、广告领域信用建设作为一项重要内容，直接关系到网络广告的市场生态。

建设网络广告市场环境，应着眼增强管理的效能，坚持硬约束与软约束相统一。一方面，坚持依法管网、以网管网、信用管网和协同管网，通过对网络虚假违法广告的治理整顿，狠抓案件查办，形成有力震慑，防止因网络欺诈广告、虚假违法广告造成的社会诚信缺失、信任危机，促进广大消费者与广告活动主体、广告监管部门之间的和谐；另一方面，通过人性化的执法，使被处罚的广告企业或责任人理解行政执法的初衷，认识违法行为的危害性，引导网络广告行业企业主动维护行业利益、参与监督管理、抵制违法行为，促进监管者与被监管者之间的和谐发展。同时，在社会上广泛宣传新修订的《广告法》和刚刚出台的《互联网广告管理暂行办法》，扩大宣传覆盖面，提高知晓率，为互联网广告活动各参与主体和广大消费者解疑释惑，营造监管执法的良好社会氛围。

三、我国网络广告监管体系中的政府监管职能设置

目前，对我国网络广告进行政府行政监管的主体大致分两大类：一类是主管机关即各级政府行政管理机关；另一类是根据媒介属性及广告的商品属性，对其进行审查的其他行政部门。由于其职权范围有所不同，现实地反映了在网络广告监管体系中政府监管职能的设置状况。具体阐释如下。

（一）主管机关职能

根据广告法的授权，各级行政管理部门是广告，包括网络广告的法定监管机关，承担着对网络广告行政机关的主要职责。按照《广告法》第六条的规定："国务院工商行政管理部门主管全国的广告监督管理工作，国务院有关部门在各自的职责范围内负责广告管理相关工作。县级以上地方工商行政管理部门主管本行政区域的广告监督管理工作，县级以上地方人民政府有关部门在各自的职责范围内负责广告管理相关工作。"其主要职能有三个方面：（1）广告经营主体的市场准入审查和颁证。（2）广告业务活动的监督检查。（3）广告发布活动的日常监测。

2012年2月23日，国家市场监督管理总局联合九个部门印发了《整治虚假违法广告专项行动部际联席会议工作要点》。该《工作要点》明确了整治虚假违法广告涉及的各个部门的责任，特别是指定了工商行政管理部门作为牵头单位的责任。这些责任具体包括：一是组织协调的责任，定期会同有关部门研究解决广告监管中的突出问题；二是制定大众传播媒介广告发布行为规范；三是指导监督地方工商部门强化日常监管以及案件查处等，及时向成员单位通报，请有关部门对严重虚假违法广告约谈警告、追究责任等方面。

（二）协管部门职能

鉴于广告监管的商品及服务的复杂性和特殊性，《广告法》规定：利用广播、

电影、电视、报纸、期刊以及其他媒体发布药品、医疗器械、农药、兽药等商品的广告和法律、行政法规规定应当进行审查的其他广告，必须在发布前依照有关法律、行政法规由有关行政主管部门对广告内容进行审查；未经审查，不得发布。还有，《广告法》还规定，工商行政管理部门依法给予处罚的，应当通过新闻出版广电部门以及其他有关部门。新闻出版广电部门以及其他有关部门应当依法对负有责任的主管人员和直接责任人给予处分；情节严重的，可以暂停媒体的广告发布业务。所以，除工商行政管理机关外的其他行政部门，根据其职能分工对广告包括网络广告的监督管理，也负有相应的法定责任。否则，新闻出版广电部门及其他有关部门未依照规定进行处理的，对负有责任的主管人员和直接责任人员，要依法给予处分。所以在事实上，我国各地工商、市场监管部门一直以来都重视监管执法上的协调配合，初步建立形成了执法协作和信息沟通共享机制。2012年2月，国家九部门印发的《2012年关于整治虚假违法广告专项行动部际联席会议工作要点》，具体明确了整治虚假违法广告专项行动部际联席成员单位，即广告有关党政主管部门的相应职责。

1. 党委宣传部门：负责新闻媒体广告内容导向管理，会同有关行政部门指导和监督媒体单位落实广告发布审查责任，建立和落实相应的领导责任追究责，杜绝虚假违法广告和新闻形式广告。

2. 互联网信息内容主管部门：负责指导、协调、督促有关部门加强互联网信息内容管理，依法查处违法违规网站，及时删除和关闭网上非法广告和低俗不良广告以及非法网站。

3. 公安机关：负责做好行政执法与刑事司法衔接工作，严厉打击发布虚假广告、制假售假、传播淫秽色情等犯罪行为。

4. 监察机关和纠风办：负责对有关行政机关依法行政、履行监管职责情况的监督检查，将虚假违法广告列为治理行业不正之风的重要内容，对疏于监管、失职渎职等行为，追究相关责任人的责任。

5. 通信管理部门：负责配合工商等部门规范互联网广告，对未取得经营许可或者未履行非经营性服务备案手续、擅自从事互联网信息服务的网站，责令当事人关闭网站，停止服务提供商提供的接入服务，并依法追究其责任。

6. 卫生行政、中医药管理部门：负责加强医疗机构及其网站发布的医疗服务广告和信息的监测，加强对相应的医疗机构的综合执法检查，对发布虚假违法广告和信息的医疗机构进行警告、责令其限期整改，直至吊销《医疗机构执业许可证》。

7.广播影视行政部门：负责加强广播、电视广告监听监看，对违规违法广告的播出机构，依据有关规定，视情节轻重给予相应处罚，直至撤销频道（率）、吊销广播电视频道许可证，并追究播出机构相关责任人的责任。

8.新闻出版行政部门：负责加强报刊广告审查工作，对广告违法率居高不下、被监管部门多次公告曝光、刊登虚假违法广告问题严重的报刊，给予相应的处理，如不得入选官方各类评奖和评优范围，依法给予报刊年检缓验等。

9.食品药品监管部门：负责药品、医疗器械、保健食品广告的跟踪监测，以及违法广告涉及企业和产品的监管，对严重违法广告涉及的药品、医疗器械、保健食品生产企业，依法查处违法经营行为。

可见，对广告市场包括网络广告的行政监管，通过这种部际联席会议，初步形成了多部门齐抓共管、综合治理的广告监管执法联动机制；工商系统内部统一监测、执法标准，推进区域执法协作上，也取得了重要进展。2016 年 7 月，国家市场监督管理总局印发了《关于做好＜互联网广告管理暂行办法＞贯彻实施工作的通知》中，再次明确要求各地工商行政管理部门要加强与各成员单位的沟通和联系，做好牵头协调工作，与各成员单位分工负责，齐抓共管，形成监管执法的合力。

四、构建我国网络广告监管体系的实现路径

在网络新媒体新时代，信息网络技术的高速发展和不断升级，牵引了网络经济、电子商务的兴起和发展，给广告行业的监管提出了新的时代课题。为了适应网络经济市场发展的需要，维护网络广告行业的可持续发展，迫切需要以系统的思维和现代治理的理念，以解决网络广告的现实问题为导向，从传统的广告监管向现代广告治理的转型。应坚持立法、执行、司法相协调，政府规制、行业规范、企业自律、社会监督相统一，实现以政府行政监管为主导，行业规范、企业自律、社会监督并举，形成多管齐下、同向发力的全方位综合治理的监管局面，全面推进我国网络广告的现代治理体系建设。

（一）发挥政府监管的主导作用，加强统筹规划

这是由我国的现实国情及网络广告监管的特点所决定的。中国是政府主导型的广告监管体制，行业自律、社会监督作为政府监管的有益补充，进行协助监管。政府作为网络广告监管的主体，旨在保障网络经济秩序的平衡发展，维护市场经济公平、公正地竞争和发展，具有法律赋予的广告监管职能和职权。所以，单纯依靠社会监督和行业自律监督，网络广告的监管工作必然体现不出它的权威性，更使得监管工作的效果大打折扣，当然，也是不可能实现的。因此，在建构网络

广告监管体系的建设中，必须首先注重发挥好政府方面的主导作用，在注重抓好立法层面的法律规制建设的同时，应注意加强顶层设计，明确总体目标、主要任务和基本原则，并注重加强宏观指导和统筹协调，有针对性地开展网络广告监管体系建设的研究与实践。政府主导网络广告监管的统筹规划的职能，主要体现在以下几个方面：

1.明确网络广告监管体系建设的总体目标和主要任务

总结借鉴我国网络广告监管的理论与实践，本书认为，政府统筹网络广告市场监管体系建设的主要目标，概括起来应该是"三个着力"。

一是着力制定完善网络广告法律规制建设，构建形成具有中国特色的以《广告法》等基本法为根本、以《互联网广告管理暂行办法》等行业规章为主干、以地方相关法律法规这补充的上下衔接配套的网络广告法律规制体系；

二是着力网络广告着力建立完善"行政执法、行业自律、舆论监督、群众参与"相结合的网络广告监管体系，构建形成政府主导的"工商抓总、部门协作、行业规范、企业自律、社会监督"的网络广告市场监管的新格局；

三是着力改革创新监管体制和监管方式方法，构建形成统一开放、公平竞争、有序发展的网络广告市场生态。

围绕这一体系建设的总体目标，应着眼于网络广告监管体系建设的构成，确定整体体系建设的主要任务。重点是推进十个"子体系"建设：

（1）网络广告法律规制体系

（2）网络广告市场准入体系

（3）网络广告质量监管体系

（4）网络广告市场竞争秩序监管体系

（5）网络广告行政执法体系

（6）网络广告行业自律体系

（7）网络广告消费维权社会监督体系

（8）网络广告市场监管信息平台体系

（9）食品、药品安全监管体系

（10）互联网信息安全监管体系

2.把握建构网络广告监管体系的基本原则

从总体上讲，要坚持把发挥市场配置资源的基础性作用与加强政府市场监管职能有机地结合起来，克服网络广告市场自身存在的缺陷，营造法制化、国际化的营商环境，构建法治为基、诚信为魂、效率为先、公平为本的中国特色的网络广告监管模式，打造网络市场监管体制机制的新优势。在实际工作中，应着重把握好以下四项原则：

（1）系统性原则。网络广告市场监管体系建设的基础是市场，在网络广告市场体系建构的顶层设计中，应该重点突出网络广告的市场主体、市场客体、市场行为、执法主体、监管方式、监管法律法规、监管手段等方面，进行系统构建。

（2）完整性原则。即坚持行政执法、行业自律、舆论监督、公众参与相结合，统筹推进网络广告监管体系建设，形成"政府主导、多元共治，工商主导、部门协同，内外兼顾、规导并举"的网络广告市场治理格局。

（3）整体性原则。应该把市场监管体系的监管信息平台与社会信用体系的社会信用信息平台兼容，实现资源共享、信息互通；以及市场监管体系的多元监管和社会信用体系的信用约束联动，形成整体联动的有效机制。

（4）长效性原则。要通过体系建设，形成比较完善的体制机制、法律法规和相关制度，把"三打"（打击欺行霸市、打击制假售假、打击商业贿赂）和"两建"（建设社会信用体系、建设市场监管体系）的成果固化，形成有保障的长效机制。

3. 突出着力点，积极开展探索实践

可以坚持试点、有序推进的做法，积极推进网络广告监管体系建设的实践。具体可以从三个方面入手，积极探索实践。

（1）围绕转变政府职能，推进网络广告监督治理体系建设。以行政审批事项精简为新契机，以行政执法体制完善为切入点，以完善行业自律体系为突破口，积极构建政府负责（工商牵头、部门协作）、行业规范、企业自律、公众参与的网络广告市场监管新格局。进一步明确政府、市场、社会三者在市场监管体系建设中的角色定位，在强化政府市场监管职责、强化部门协作、发挥行业规范作用以及发挥群众和舆论监督作用等方面进行探索实践。

（2）围绕改革监管方式，推进建立"行政执法、行业自律、舆论监督、群众参与"的市场监管体系。围绕"权责明确、行为规范、监督有效、保障有力"的行政执法体系建设，进一步减少行政执法层次，加快推动"一个窗口许可""一支队伍办案"执法体制改革，从体制上解决目前在网络广告市场监管中存在的重复监管、多头执法、执法标准不够统一等问题。特别加快推进网络广告市场监管信息平台和投诉举报平台建设，实现信息互联互通，畅通投诉举报渠道。推动监管方式方法创新，推进监管向多元监管、信用监管、综合监管和事前防范转变，真正实现监管效能和服务能力进一步提升、市场主体守法意识进一步增强、市场监管水平进一步提高的目标。

（3）围绕优化监管环境，将网络广告监管体系建设纳入法治化、国际化轨道。这是由目前网络广告监管面临的法律规制缺陷、网络国际化的特点所决定的。开展网络广告市场监管体系建设，重点就是要强化网络广告市场监管立法，提高网络广告市场监管的法治化水平。在实际工作中，注重收集和总结法律、法规和各类规章中存在的问题，探索规范解决存在问题的方向、举措。重点针对实践中发现的法律漏洞和制度缺陷，研究提出有针对性的立法建议。

（二）发挥部门联动的协同作用，推进机制创新

由于网络广告市场监管体系建设本身就是一项复杂的系统工程，中国广告监管体制又是一种政府主导的"工商牵头抓总、多部门协作"的广告监管模式，必须统筹协调、"弹好钢琴"、系统联动、有序推进，扎实推进行政监管的各项工作创新：

1. 创新市场准入机制。积极推进行政审批制度改革，健全完善网站备案登记制度，按照有关法规及规定，对申请开办网站者及其网站实行在线备案登记，坚持网上虚拟平台与实际注册企业相一致，确定网站企业的真实身份。网站备案登记后，可以实行统一备案、属地管理。

2. 创新行政许可机制。对一个职能部门内部多个机构许可的，调整为一个机构统一行使许可，一个窗口对外；对一个审批项目涉及多个职能部门、多环节许可的，按职能就近原则，调整为一个部门许可，方便群众办事，提高行政效能。

3. 创新行政执法机制。对同一违法行为涉及一个部门多个机构的，调整为一个机构集中执法；对同一违法行为执法涉及多个职能部门的，按照职能就近原则，确定一个职能部门承担。对于未经前置审批部门审查通过的违法行为，确定前置审批的部门统一执法；对于不涉及前置审批事项的违法行为，可按照归口管理的原则，由品种或行业管理部门统一执法。对于同一部门多个层级都有执法权的，要坚持执法权下移，把执法权放到基层执法部门行使执法权。要通过创新行政执法机制，解决职能不清、多头执法、互相推诿、重复检查、执法扰民的现象。

4. 创新投诉举报机制。政府各行政监管部门或单位，应强化执政为民的服务理念，进一步保持群众反映问题、依法维权，特别是对违法行为监督的渠道畅通。对于涉及反映网络广告方面的问题，可考虑建立集中受理的信访平台，整合投诉举报电话，对公众投诉举报可实行统一受理。具体可通过"政府采购、服务外包"的方式，以实现"统一接听、按责转办、统一督办、统一考核"。

5. 创新市场监管机制。通过推进网络广告监管体系建设，由政府为主的市场监管向政府、行业、社会的多元监管转变；由政府行政监管为主向行政监管、信用监管、柔性监管等综合监管转变；由现行的事中监管和事后处罚为主向事前防范、事中规范和事后惩治相衔接的全程监管转变，真正建立起与市场经济发展相适应的网络广告市场监管机制。

（三）发挥第三方机构自律作用，提高治理实效

公共管理理论为构建适合我国国情、广告市场实际和广告监管需要的监督管理治理体系提供了理论基础。要着眼构建以法规体系为行为准则、政府监管治理为强力保障、社会监督为重要补充、行业自律为内生动力，多方参与、共同治理的公共监管多元治理体系。网络广告的规制是个系统工程，在强化政府监管职能的同时，要推进将行业协会的职能制度化、规范化，公众参与监督的权利明确化、法制化，促进市场主体自律意识的程序化、责任化，将媒体监督、公告义务和机制常态化，积极创新我国网络广告管理新途径。这其中，一个很重要的方面，就是建立第三方广告自律审查机构。从美国和日本的网络广告规制实际情况看，由于拥有广泛的社会认同，消费者愿意与加入了网络广告自律组织的广告主进行交易；而广告主等网络广告活动主体为取得消费者的信赖，也积极加入网络广告自律组织，自发地接受广告自律组织的规制和指导，从而使自律主导型网络广告规制模式得以有效运转。这种自律审查机构，"是指由广告主、广告公司和网络媒体等网络广告活动主体自发组成的行业自律机构，它有别于中国广告协会等政府组建的广告行业协会，保持着相对独立的法律地位和机构运作模式。"它的核心原则就是独立性。否则，就会成为利益团体的附庸，或者成为利益团体的代言人。

广告行业自律是政府广告监管的重要补充，也是我国网络广告事业健康发展的保障。早在 2008 年，就有学者曾提出建立具有中国特色的第三方网络广告自律审查机构的构想。通过比较研究美国商业优化局（BBB）、英国广告标准局（ASA）、日本广告审查机构（JARO）等广告自律审查机构。这种第三方网络广告自律审查机构，承担着来自网络广告活动主体的咨询，并处理消费者的投诉。处理结果定期公布，为未来的网络广告市场活动提供指导。也有学者认为，"在我国建立独立、中立、综合的第三方网络广告自律审查机构，能够极大提升网络广告行业自律规制的有效性。"通过建立第三方网络广告自律审查机构，能够使政府让渡出部分规制职能，从而使行业自律有效地承担起更多的规制职能，有效地解决调整网络广告规制模式中政府规制上的不平衡问题。

这种自律审查机构职能任务主要有两项："一是接受来自企业的咨询，二是处理来自消费者的投诉。处理的结果定期提供给会员单位，作为今后广告业务活动的参考，这其实正是主要广告业发达国家广告自律审查机构的通行做法。"随着网络技术的不断更新，网络广告的不断变化，在网络广告的具体监管过程中，暴露

的问题也会越来越多，这就需要形成类似于法院判案的广告审查标准，进而解决广告行业自律规制中，缺乏行之有效的操作规范等问题。同时，定期组织行业协会的会员对国家法律法规以及相关政策规定的学习，普及伦理操守，加快各行业制定自我约束的细则，并且向有关行政监督管理部门及时反映问题、提出建议，这是第三方自律审查机构的职能所在。从目前我国网络广告行业的实际情况来看，建立第三方自律审查机构，要由点及面，先从网络媒体入手，逐步向大的广告相关主体，甚至整个行业来推广，这样更为妥当。

（四）发挥社会组织的监督作用，培育社会生态

党的十八届三中全会部署的十五个方面的改革中，明确提出加快政府职能转变和创新社会管理体制，这两个方面改革的内容都与重视和发挥社会组织作用、承接政府职能转变、创新社会治理体系直接相关。社会组织来自社会，服务于社会，这是民间组织本质的特征。

网络广告的监管体系建设，从现代治理角度来讲，还有一个很重要的方面，就是重视发挥社会组织，如消费者协会、新闻媒体等社会组织的作用，强化舆论监督的效应和影响。社会组织相较于政府而言，从其产生至现实运作，具有公益性、非营利性与自主性，其成员与组织拥有更突出的志愿性与平等性。在我国基层社会治理中，这些特性使其具有独特优势，更易于获取认同感和归属感，其细致入微的运作特性也更加符合当下社区文化和传统的要求。在网络经济已然来临的今天，线上线下、虚拟空间与现实社会已经交融难分，网络经济包括网络广告活动渗透到社会的各个方面，可以说每天都影响着人们的日常生活，对广告市场环境产生重要影响。构建多元化的社会治理体系，必须提高其自主与自治能力，充分发挥社会组织具有的自我管理和服务便利的功能。在构建并完善社会组织运作平台的基础上，通过不断拓展其运行与活动空间，进一步激发社会组织的活力。因此，完善社会组织的运行机制，引入科学有效的激励和考评机制，建立健全典型引导机制和群众参与机制等是十分必要的。同时，应加快完善税务、税收、人事和福利等与民间组织发展密切联系的政策法规，进一步加强对其政策支持的力度。加强社会组织的能力建设，必须强化其自身的自律与自理能力，进一步提升社会组织的自立和自强意识。以行业自律和组织诚信活动的有效开展为基础，逐步提升社会组织的政治素养、业务能力及法律意识。努力培育良好的社会生态，对于构建网络广告治理体系，也是现实中不可或缺的紧迫课题。

总而言之，中国网络广告的治理系统建设是个系统工程，把握好工作的着眼点和关键点十分必要。其中，宗旨是保护公共利益，前提是依法行政，目标是提

升监管效率，关键是政府主导，保障是不断创新监管治理机制。要重视理论与实践相结合的研究方法，即以公共治理理论与我国广告监管实践相结合为基础，通过分析公共治理理论在我国广告监管中的可行性与适用性，探寻理论与实践结合的最佳路径；通过明确监管目的，即维护公共利益最大化，降低政府监管成本，提升监管效率；通过完善社会监管参与路径的体系构建，强化行业自律能力，统一各方目标，整合监管资源，从而改变传统的"单打独斗"模式，形成"共治""混合治"的新局面，使得各方监管优势形成合力，真正实现网络广告监管上的现代化治理转型。

参考文献

[1] 秦宇新. 网络广告互动传播与受众接受关系研究 [D]. 华中科技大学，2004.

[2] 沈蕾. 网络广告形式及研究 [D]. 东华大学，2005.

[3] 朱长春. 中国汽车业网络广告研究 [D]. 吉林大学，2005.

[4] 刘佳璐. 网络广告研究 [D]. 华中师范大学，2005.

[5] 张信和. 网络广告心理特性与网络广告创作 [D]. 暨南大学，2005.

[6] 辛欣. 网络广告点击行为影响因素实证研究与企业网络广告策略 [D]. 浙江大学，2006.

[7] 兰惠君. 网络广告法律问题研究 [D]. 湘潭大学，2006.

[8] 胡承志. 中国网络广告现状与策略研究 [D]. 山东大学，2006.

[9] 卢雪娜. 网络广告与网络传媒的优势互动——试论中国网络广告的发展趋势 [D]. 四川大学，2003.

[10] 李玉峰. 网络广告监管法律问题研究 [D]. 华东政法学院，2006.

[11] 王成文. 中国网络广告第一个十年发展研究 [D]. 河南大学，2008.

[12] 张庆利. 新媒体时代网络广告研究 [D]. 华中师范大学，2008.

[13] 刘喆. 对如何选择网络广告有助企业营销的探讨 [J]. 现代情报，2005，05:189-191.

[14] 娄卓男. 论网络广告的定价方式 [J]. 现代情报，2003，06:158-159.

[15] 周俊. 基于受众能动性的网络广告 [J]. 国际新闻界，2004，05:66-70.

[16] 冯捷蕴. 中国大陆的文化价值观: 以2004年网络广告内容分析为例 [J]. 现代传播，2004，05:88-92.

[17] 阮丽华. 网络广告及其影响研究 [D]. 华中科技大学，2005.

[18] 赵硕. 基于语用分析的网络广告预设研究 [D]. 上海外国语大学，2012.

[19] 史旻昱. 基于RSS的个性化网络广告推荐系统研究 [D]. 华中科技大学，2008.

[20] 吕鸿江,程明.基于消费者心理视角的网络广告效果评价研究[J].南京农业大学学报（社会科学版），2006，04:46-50+56.

[21] 王颖,吴旻.快递企业网络广告效果评估的基础数据获取方法[J].电子商务，2007，05:72-75.

[22] 于潇.网络广告的口碑传播策略分析[J].新闻界，2007，03:HU-102.

[23] 吕鸿江,刘洪.中国情景下网络广告心理效果的影响因素分析[J].南开管理评论，2007，05:61-67.

[24] 王婉琛.论我国网络广告的法律规制[D].西北大学，2012.

[25] 刘嘉.多媒体技术在网络广告中的应用研究[D].北京工业大学，2011.

[26] 陶镁君.基于新浪微博平台的网络广告研究[D].湖北工业大学，2012.

[27] 崔雯.广告诉求、来源和类型对社交网络广告效果的影响[D].清华大学，2011.

[28] 王泽."凡客诚品"网络广告的视觉文化探究[D].浙江师范大学，2012.

[29] 赵建春.基于消费者心理的旅游网络广告效果评价研究[D].中国海洋大学，2012.

[30] 成淑芬.论网络广告中的视觉传达设计[D].中南民族大学，2012.

[31] 张晓娜.基于网络受众的网络广告策略研究[D].山东大学，2009.

[32] 马琼.网络广告侵权行为法律问题研究[D].湖南师范大学，2010.

[33] 韦茵.网络广告在商业推广中的设计应用研究[D].湖北工业大学，2012.

[34] 敖金娥.网络广告侵权责任问题研究[D].武汉理工大学，2012.

[35] 赵千羚.网络广告法律问题研究[D].北方工业大学，2012.

[36] 刁乾鹤.网络广告的法律规制问题研究[D].河南师范大学，2012.

[37] 钱旦丹.网络广告的优势和其对传统广告的影响[J].无锡南洋学院学报，2007，03:52-54.

[38] 郭艳.网络广告投放效果影响因素研究[J].大众商务，2009，10:106+115.

[39] 刘倩.浅谈中国网络广告发展现状与趋势[J].青年文学家，2010，01:253.